성공한 사람들의
기상 후 1시간

KB066435

My Morning Routine
by Benjamin Spall and Michael Xander
Copyright © 2018 by Benjamin Spall and Michael Xander
All rights reserved including the right of reproduction in whole or in part in any form.
This edition published by arrangement with Portfolio, an imprint of Penguin Publishing
Group, a division of Penguin Random House LLC.
This Korean translation published by arrangement with Benjamin Spall and Michael Xander
in care of Porfolio through Milkwood Agency.

이 책의 한국어판 저작권은 밀크우드 에이전시를 통해 Portfolio 와 독점 계약한 센시오 출판사에 있습니다.
저작권법에 의해 한국 내에서 보호를 받는 저작물이므로 무단 전재와 복제를 금합니다.

성공한 사람들은 아침 시간을 운에 맡기지 않는다

성공한 사람들의

기상 후 1시간

벤자민 스폴, 마이클 잰더 지음

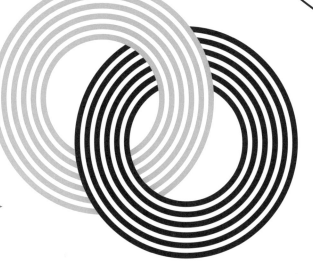

 세계적 명사 64명의 64가지 모닝루틴
아마존 올해의 우수도서 선정
파이낸셜 타임즈 이달의 책 선정

센시오

성공한 사람들이
반드시 지키는 모닝루틴이 있다

좋은 아침의 유일한 조건

'오늘 아침, 컨디션이 좋지 않다. 알람이 울렸는데 나도 모르게 '5분 뒤 버튼'을 눌렀고 그대로 잠이 깊게 들어서 아침을 허둥지둥 보낸 탓이다.'

'오늘 아침, 별일 없이 평범하고 지루한 아침이다. 제때 일어나 씻고 먹고 지하철에서 구독채널들을 확인하고 있다.'

두 아침 모두 좋은 아침이 아니다. 야심찬 아침운동이나 아침공부가 빠져서가 아니다. 좋은 아침의 단 하나의 요건은 다름 아닌 '의도'다.

의도를 갖고 아침을 시작하지 않으면 좋은 하루를 보내기 어렵다. 아침은 백지와도 같아서 우리는 매일 다시 시작할 기회를 선사받는 셈이다. 일어나서 맨 처음 하는 행동이 단지 화장실에 가는 단순한 것이더라도 여기서부터 습관의 더미, 즉 꼬리에 꼬리를 무는 행동의 연쇄가 시작된다. 일어나면 화장실에 가고 싶고, 화장실에 가면 이를 닦고 싶고, 이를 닦으면 운동복을 입고 자리에 앉아 잠시 명상을 하든지 주전자에 물을 끓여서 자신이 좋아하는 커피나 차를 만들고 싶어진다. 습관 더미도 젠가 블록처럼 맨 밑에 놓이는 블록이 튼튼해야 탄탄하게 쌓을 수 있다. 가장 부실한 블록이 있다면 그건 일어나자마자 휴대전화를 확인하는 것이다. 부실한 블록 위에는 생산성 떨어지는 행동들이 줄줄이 쌓여나간다. 자, 당신은 어떤 블록을 맨 밑에 놓을 것인가? 당신의 소중한 아침에 어떤 의도를 가져볼 것인가? 두 손 놓고 있으면 좋은 하루를 얻을 수 없다.

게다가 좋은 습관의 더미를 오후에는 시작을 하기가 어렵다. 종일 누적된 스트레스 때문에 오후엔 의지력이 닳아져 있기 때문이다. 하지만 아직 이런저런 의사결정을 내리기 이전인 아침이라면 어떤가? 우리는 덜 소진되어 있다. 아침은 하루 중 가능성이 가장 큰 시간이다.

의도를 가지고 반복하는, 꼬리에 꼬리를 무는 행동 연쇄. 그것을 루틴이라고 부른다. 일어나서 보내는 아침 딱 1시간의 모닝루틴은 우리에게 탄탄한 24시간이 되어 돌아온다. 우리가 우리의 내면에 자리한 에너지, 주의력, 차분함에 발을 담그고 아침을 시작하면 하루 내내 일종의 승리감을 맛보게 된다는 말이다.

아침형 인간일 필요 없다

아침형 인간이 아니어도 전혀 상관없다. 좋은 아침을 보내기 위해서는 아침형 인간이 되어야 하나? 이건 모닝루틴에 대한 가장 흔한 오해다. 절대 그렇지 않다. 일찍 일어나든 늦게 일어나든 일어나면서부터가 아침이다. 그 시간은 아침 6시일 수도 있고 밤 9시일 수도 있다. 기상 시각이 언제인가와 관계없이 항상 일어난 뒤 첫 1시간이 그날 하루의 분위기를 결정한다. 일찍 일어날 필요는 없지만 아침 시간은 자신에게 가장 중요한 일에 써야 한다.

모닝루틴에는 왕도도 정답도 없다. 자신에게 가장 잘 맞는 모닝루틴을 찾아나가야 한다. 내가 또렷한 정신을 기초로 신체적으로나 정신적으로 건강한 기분 속에서 의욕적인 자세로 좋은 하루를 보내게 해줄 루틴 말이다. 아침형 인간이 아니어도, 어린 자녀가 있어도, 출장이 잦아도, 꼭두새벽부터 일어나야 하는 까다로운 업종에 종사하고 있어도 상관없다.

그렇다면 구체적으로 어떻게 아침 시간을 써야 할까? 우리에겐 탁월한 사람들의 실제 사례가 필요하다. 그 필요가 이 책을 만들었다.

64개의 모닝루틴, 성공한 64명의 아침 1시간 사용법

이 책은 '나의 모닝루틴'My Morning Routine이라는 웹사이트를 개

설하고, 전 세계 성공한 사람 수백 명을 만나 인터뷰하여 그들의 모닝루틴에 대해 묻고 그 가운데 일부를 추려 엮은 결과물이다. 300회가 넘는 인터뷰에서 공통적으로 발견한 지혜와 더불어 64명의 모닝루틴 인터뷰를 추려 담았다. 빡빡한 루틴과 느긋한 루틴에 대한 선호가 사람마다 달라 64명의 루틴은 천차만별이었지만 자기가 원하는 하루를 갖기 위해 아침 1시간을 자기 스타일대로 의도적으로 관리했다는 건 무섭게도 공통적이었다. 즉, 이들 가운데 자신의 아침 컨디션을 운에 맡기는 사람은 없었다. 이건 우연이 아니다.

이 책에 자신의 모닝루틴을 공유해 준 64명은 올림픽 금메달 3회 수상자인 레베카 소니Rebecca Soni, 픽사와 월트 디즈니 애니메이션 스튜디오 사장인 에드 캣멀Ed Catmull, 삶을 바꾸는 정리의 달인이자 일본인인 정리 컨설턴트 마리에 곤도Marie Kondo 등 전 세계에서 가장 성공한 사람으로 손꼽히는 인물들이다.

그들의 다양한 모닝루틴이 10개 장에 나뉘어 실려 있다. 각 장은 모닝루틴 수립을 위한 특정 주제를 중점적으로 다룬다. 알람, 운동, 명상, 수면, 자존감, 자녀가 생겼을 때 그리고 여행이나 출장 시에 모닝루틴 조절 가이드 등이 주제로 제시되어 있다. 이 책은 주제별로 읽어도 좋고 관심 있는 유명인의 인터뷰를 찾아 읽어도 좋으며, 아무 곳이나 펴서 보이는 부분부터 읽어도 좋고 각 인터뷰 제목을 보면서 발췌해 읽어도 좋다. 책 곳곳에 64명의 식단이나 운동 시간, 방법 등의 세밀한 팁이 가득하고, 각 장의 말미에는 주제별 전략을 정리한 '나만의 루틴 만들기' 코너가 있다.

나를 만족시키는 나만의 모닝루틴을 찾아라

성공한 64명의 모닝루틴 인터뷰를 읽으며 여러분은 때론 안도하고, 때론 자극받을 것이다. 여기 소개된 루틴을 그대로 따를 필요는 없다. 이 책에 실린 모든 루틴을 일종의 좋은 참고 사항으로 여기길 바란다. 우리 저자들도 웹사이트에 인터뷰 내용을 게시할 때마다 모닝루틴으로 실천할 만한 새로운 것들을 발견하곤 한다. 하지만 궁극적으로 모닝루틴은 자기만의 것이다. 이를 기억하고 자신의 루틴을 최대한 활용하길 당부한다. 나아가 궁극적인 목표는 루틴 자체가 아니라 루틴이 삶에 가져다주는 행복과 능률이라는 것을 깨닫길 바란다. 내가 루틴을 위해 일하는 것이 아니라 루틴이 날 위해 일하도록 만들자.

사실 여러분은 이미 모닝루틴을 가지고 있다. 대다수 사람은 눈을 뜨면 멍하게 침대에서 나와 휴대전화를 잠시 보고 냉장고를 열어보고 터덜터덜 출근한다. 여기가 지금 당신의 모닝루틴 출발점이다. 이제 자신이 원하는 긍정적 루틴을 만들어가 보자.

"자신에게 맞는 루틴을 찾길 바랍니다.
나의 아침을 타인의 기준에 맞춰야 한다는
압박은 내려놓아야 합니다.
유연한 태도로 그때그때 방향을 바꿔가며
최대한 상황을 단순하게 만드십시오."

샤카 셍고르(Shaka Senghor), 형사 사법 개혁을 주장하는 선도적 인물

"모닝 루틴을 세웠다면 알아야 할 점이 있습니다.
루틴은 자신을 위한 것이지,
모르는 사람이 정한 생산성의 기준을
채우려는 것이 아니라는 사실입니다."

애나 마리 콕스(Ana Marie Cox), 정치 칼럼니스트 겸 문화 비평가

ROUTINE

제2장 —— **아침의 효율을 업그레이드하자**
하루 일과를 아침에 최대한 해두는 사람들

제5장 —— 저녁 루틴
모닝루틴은 전날 밤에 시작된다

제8장 ——— **자존감 체크하기**
스스로를 좀 더 다정하게 대하는 법

1장

행복하게 눈 뜨는 법

알람소리를 반가워하는 사람들

"멍멍. 낑낑."
세상에서 가장 사랑스러운 알람소리

잠에서 깨는 일은 본래 유쾌한 일이 아니다. 하지만 화재경보기 같은 알람, 짜증 어린 협박이 나를 깨우게 하지 말자.

눈뜨는 시간을 즐겁게 만드는 방법의 핵심은 무엇일까? 어서 시작하고 싶은 모닝루틴을 설계하는 것이다. 잠에서 기꺼이 깨고 이부자리를 걷는 손길에 짜증이 아니라 즐거움이 묻어나게 하는 일은 어쩌면 우리가 이제껏 넘어서지 못했던 스스로의 한계를 번쩍 넘어서는 위대한 일이다. 그 위대한 일을 가능하게 해주는 비법이 있다고 한다.

알람이 울린 뒤 과연 나는 어떤 멋진 시간을 나에게 매일 선물해줄 수 있을까?

7명의 유명인이 알려주었다. 기대감으로 아침을 시작하는 그들만의 방법을 말이다.

제임스 프리먼James Freeman
블루보틀 커피 창업자

어떤 모닝루틴을 갖고 있나요?

보통 6시에 일어납니다. 아이들 때문에 깨지 않는다면 말이죠. 제 시계에는 스누즈 버튼[1]이 없어서 조금 더 눈을 붙이고 싶어도 그럴 수가 없습니다. 오래된 에스프레소 기계가 있는데 이 기계가 제 루틴의 중심입니다. 1970년대 후반에 나온 라산마르코예요. 이 기계에는 타이머 기능이 있습니다. 제가 일어날 때쯤 딱 좋은 온도로 예열되도록 타이머를 맞춰 두었습니다.

자리에서 일어나면 제가 마실 카푸치노와 아내를 위한 카페오레를 만듭니다. 모닝커피를 마셔야 저는 더 낙관적으로 생각할 수 있기 때문에 커피를 마시기 전까지는 중요한 의사결정을 내리지 않는 것을 기본 원칙으로 삼고 있습니다.

운이 좋은 날에는 십 분에서 이십 분 정도 아내와 함께 침대

---

1   스누즈snooze 버튼을 누르면 알람이 정지되고 일정 시간 뒤에 다시 알람이 울린다. 기기마다 다르지만 보통 3~10분 뒤에 알람이 다시 울리도록 설정되어 있다. '스누즈snooze'는 '잠깐 눈을 붙이다.'라는 뜻의 영단어다.

에서 커피를 마시며 대화도 나누고 신문도 봅니다. 반려견과 잠시 산책을 나서기도 하죠.

6시 45분쯤이 되면 운동하러 나갑니다. 돌아오면 바로 샤워를 하고, 아침을 먹고, 아이들 옷을 입히고, 저도 옷을 차려입고, 차에 탑니다. 운전하는 동안 차에서 들을 음악 목록은 미리 생각해 두죠. 뉴스는 듣지 않습니다. 우울해져서요.

이 루틴을 얼마나 지켜왔나요? 달라진 것은 없나요?
오 년 정도 됐습니다. 아이들이 생기면서 아침이 확실히 더 분주해지긴 했지만 지금까지는 너무 서두르지 않고서도 모든 식구들에게 필요한 것을 잘 챙겨주는 아침을 지속하고 있지요.

수월한 아침을 보내기 위해 전날 밤에 하는 일이 있나요?
우리 식구들은 매일 잠들기 전에 주방을 청소하고 집안을 정돈합니다. 이게 매일 유쾌하게 진행되진 않아요. 하지만 아침에 일어났을 때 눈앞에 평화로운 환경이 펼쳐져 있다는 것은 아침의 안정적인 첫 감정에 꽤 중요한 전제조건이거든요.

일어나서 얼마 만에 아침 식사를 하나요?
한 시간 반에서 두 시간 뒤겠네요. 보통 요거트와 과일로 만든 스무디를 먹어요. 잼, 잘게 다진 생아몬드를 섞어 먹기도 합니다. 유기농 인증을 받은 풀팻 요거트를 좋아해요. 생브누아Saint Benoît에서 나온 저지Jersey 우유 요거트를 즐겨 먹습니다.

모닝루틴을 강화하는 데 활용하는 앱이나 제품이 있나요?
앱보다는 저에겐 단 하나, 커피 메이커입니다. 그다음을 꼽자면 잠옷이겠네요. 잠옷을 정말 신중히 고르거든요. 구식인가요? 하지만 삶을 인위적으로 조작하는 건 실은 불가능하다고 보거든요. 주어진 삶을 자연스럽게 살아나가는 게 중요하다고 생각합니다. 단, 자신이 살고자 하는 방향은 잊지 않고 말이죠.

모닝루틴에서 가장 중요한 건 무엇일까요?
저는 일하는 데 꽤 진심입니다. 회사에 가면 제가 만나는 사람들과 업무에 최대한 집중하려고 노력하죠. 그런 점에서 볼 때 아침에 해야 할 가장 중요한 일로 저는 맑은 정신과 유쾌한 태도를 갖춰서 회사에 도착하는 일을 꼽겠습니다.

출장처럼 외지에서 머물 때는 어떻게 하나요?
제가 원하는 대로 커피를 마실 수 있도록 커피 세트를 가지고 다닙니다. 그리고 너무 이른 시간에 일정을 잡지 않도록 노력합니다. 그래야 커피를 마시며 아침을 충만하게 보내고 그 힘으로 업무를 제대로 할 수 있으니까요.

크리에이터라면
고요함을 충전하라

안드레 D. 와그너Andre D. Wagner
아티스트, 뉴욕시 거리 사진작가

어떤 모닝루틴을 가지고 있나요?

보통 아침 6시쯤 일어나서 아주 고요한 혼자만의 시간을 확보하는 게 저의 모닝루틴입니다. 일기를 쓰곤 합니다. 언젠가는 이 시간에 글 쓰는 일을 할 수도 있겠죠.

특별히 마감 안에 끝내야 할 사진 작업이 없을 때는 보통 7시나 7시 반쯤 카메라를 들고 밖으로 나갑니다. 7시쯤부터의 아침 일정은 때에 따라 변하지만 기상 시간만큼은 절대 늦추지 않아요. 하루 중 아침 시간을 가장 좋아하거든요.

저는 거리 사진작가입니다. 늘 사람들과 어울리고, 사람들을 바라보고, 종일 걸으면서 온갖 자극을 받는데 이 모든 일이 동시에 이루어집니다. 에너지 소모가 굉장히 높아요. 빈틈없이 하루를 보내고 나면 굉장히 지칩니다. 그렇다보니 저는 저만의 고요한 시간을 갖는 것이 무척 중요합니다. 그래야 온갖 감정을 불러일으키는 도시 속에서도 균형을 지킬 수 있으니까요. 그러니 어쩌면 아침이 작업시간보다 중요합니다.

물론 사진 작업을 할 때는 루틴을 조정해야 할 때도 있어요. 2년 전에 한 사진 스튜디오에서 작업을 했을 때는 출근 시간 전 한두 시간 정도 지하철에서 사진을 찍고 싶어서 아침 7시에 집을 나서곤 했습니다. 지금처럼 한창 여름일 때는 태양이 떠오를 때 그 빛이 매우 아름답기 때문에 때맞춰 밖에 나가 자연광 덕을 톡톡히 보려고 노력하기도 하고요.

아침을 잘 보내기 위해 전날 밤에 하는 일이 있나요?
저는 깔끔한 것을 몹시 중요하게 여깁니다. 그래서 저녁엔 모든 것이 깨끗한 상태를 유지하도록 정돈합니다. 깨끗한 집에서 눈을 뜨는 것만큼 좋은 건 없죠. 그래야 정신을 맑게 유지할 수 있거든요. 밤에 집을 정돈할 때 다음 날 아침이 시작된다고 볼 수 있을 것 같아요.

아침 운동 루틴도 있나요?
매일은 아니고 주 2~3회 자전거를 타고 나가서 프로스펙트 공원을 한두 바퀴 돕니다. 그 시간에는 사람이 많지 않고 공원이 꽤 조용해서 좋거든요. 특히 가을에 나가길 좋아합니다. 그 계절에는 특히 상쾌한 아침 공기를 쐴 수 있거든요.

아침 명상도 하나요?

깨끗한 집에서 일어나 창문 틈으로 스며들어오는 아침 햇살을 바라보면서 마일스 데이비스의 음악을 듣는 것이 제 아침 명상 입니다.

처음 휴대전화를 확인하는 건 몇 시쯤인가요?

문밖으로 나서기 전에 휴대전화를 확인하지만 침대에 있을 때는 보지 않으려고 노력합니다. 아침에 일어나서는 여유를 갖고 저만의 생각과 아이디어에 주의를 기울입니다. 때로는 작업 중인 프로젝트에 추가할 만한 것을 떠올리기도 합니다. 아무 생각이 나지 않을 때도 있는데 문제라고 생각하지 않습니다. 지난 사진 촬영이나 개인적인 과거 경험 속에서 제게 영향을 미쳤던 것을 곱씹어보기도 합니다. 잠에서 깼을 때 곧 휴대전화를 확인 해버린다면 그날 제 아침 시간은 망가질 거예요.

L. 라파엘 레이프L. Rafael Rief
매사추세츠 공과대학(MIT) 총장

어떤 모닝루틴을 갖고 있나요?

알람이 오전 6시에 맞춰져 있습니다. 하지만 실제로 그 소리를
듣는 일은 거의 없습니다. 항상 5시에서 5시 반 사이면 저절로
눈이 떠지거든요. 오랜 습관입니다.

일단 자리에서 일어나면 물을 한 잔 마십니다. 그리고 이메일
을 확인합니다. MIT는 국제적인 대학이기 때문에 세계 곳곳의
최근 상황을 잘 파악해야 하죠. 간밤에 해외에서 벌어진 일들을
잘 살펴봅니다. 긴급한 메시지에 즉시 답신을 하죠.

그리고 나면 속도를 조금 늦춥니다. 태블릿을 챙겨 식탁에서
아침을 먹으며 뉴스를 읽어요. 아침 식사까지가 제 모닝루틴에
포함됩니다. 식사 후에는 샤워를 하고 옷을 챙겨 입고 그날의
첫 회의에 참석하기 위해 집을 나서죠.

일어나서 얼마 만에 아침 식사를 하나요?

딱히 시간을 정해 둘 수 없는 게, 밤새 들어온 긴급한 이메일에

모두 답변한 뒤 아래층으로 내려가 아침 식사를 합니다. 보통 아내도 저와 함께 아침을 먹습니다. 아침 식사를 하면서 아내와 함께 뉴스를 읽고 그날의 주요 이슈에 관해 서로 의견을 나눕니다. 이 시간은 제 모닝루틴의 2부에 해당하죠. 1부만큼 중요합니다. 외부로 나가기 전에 이미 높아져버린 제 긴장감을 확실히 완충시켜주고 부드럽게 사회적 두뇌를 가동시켜주거든요. 드문 일이긴 해도, 상황이 여의치 않아 아침 식사를 거른 날에는 하루가 통째로 틀어집니다. 내내 찜찜하죠.

아침을 잘 보내기 위해 전날 밤에 하는 일이 있나요?
다음날 일정을 찬찬히 확인합니다. 제 직원들이 다음 24시간 동안 제 앞에 어떤 일을 펼쳐 놓았는지 미리 알아두려는 거죠.

수면 추적 앱도 사용하고 있습니다. 수면 시간과 질을 확인하고 싶거든요. 특별한 어떤 목적이 있다기보다는 호기심 때문에 확인합니다. 데이터를 사랑하거든요. 제가 누린 휴식에 관한 객관적 지표와 제 생각을 비교하는 것이 무척 재밌습니다.

몇 시에 잠자리에 드나요?
잡지나 책 같은 것을 보다가 11시쯤 불을 끕니다. 토요일에 주간지 《이코노미스트》를 읽기 시작하는데 보통 며칠에 걸쳐서 읽습니다. 남는 요일에는 역사책과 전기를 읽습니다.

어떤 모닝루틴을 갖고 있나요?

보통 새벽 5시에서 6시 반 사이에 일어나고 이 시간을 넘기는 일은 거의 없습니다. 잠자리에서 나오면 즉시 2분간 플랭크 자세를 합니다.

저는 회전근 한쪽이 상당 부분 파열되어 있어요. 근육을 강화해 더 심한 손상을 막기 위해서 플랭크 자세가 필요하죠. 첫 활동인 플랭크 자세를 놓치면 처음으로 돌아가 이것부터 하고픈 욕구가 들 때도 있습니다.

플랭크 운동을 한 뒤에는 10~15분 정도 스트레칭을 합니다. 침실 바로 옆에 있는 서재로 가서 제가 사랑하는 책들이 가득한 서재 바닥에 자리를 잡고 스트레칭을 합니다. 스트레칭하면서 고서와 최신 서적의 책 제목을 보고 있으면 책 내용이 새록새록 떠오릅니다. 과거에 그 책들을 읽으며 삶과 세계의 본질에 대해 고민했던 시간도 떠오르죠.

컴퓨터나 휴대전화를 보지 않는 걸 선호합니다. 그 시간에 저는 차를 만들고 제 아내 젠은 식기 세척기를 비우면서 주방에서 잠시 시간을 보냅니다. 그런 후에 함께 나가서 약 5킬로미터를 달리거나 운동 수업에 참여합니다. 운동하고 돌아오면 잠시 몸을 식히면서 병아리들을 마당에 내놓고, 밤 사이 해놓은 빨래가 있다면 빨랫줄에 하나하나 널기도 합니다. 그러고 나서 샤워한 뒤에 이제 그날의 일정에 돌입하죠.

이 루틴을 얼마나 지켜왔나요? 달라진 것은 없나요?
빨래와 아침 허드렛일은 수십 년간 소중히 지켜온 제 삶의 일부입니다. 플랭크는 약 4년 전에 시작해 루틴으로 굳었고, 젠과 함께하는 아침 운동은 몇 년 전부터 본격적으로 해왔습니다.

최근 몇 년 사이에 제 루틴에 추가된 가장 즐거운 활동은 밖에 나가 달릴 때 꽃 사진을 찍는 것입니다. 곳곳에 피어 있는 다양한 꽃들을 보노라면 정말 놀랍습니다. 아침마다 새로운 꽃을 찾다 보면 계절의 변화도 느낄 수 있고 무한한 자연의 풍요로움도 만끽할 수 있습니다. 평소라면 무심히 지나쳤을 소소한 것들의 아름다움을 음미할 수 있죠.

수년 전에 읽었던 C.S. 루이스Lewis의 비유가 생각나네요. 한 남자가 사후에 길을 걸어가는데 거리의 꽃들이 점점이 박힌 색 뭉치처럼 보였습니다. 그때 영혼의 길잡이가 나타나서는, 그가 생전에 한 번도 꽃을 눈여겨본 적이 없어 그렇게 보이는 거라고 설명해줍니다. 저는 그런 실수를 하고 싶지 않습니다. 시와 철학이 평범한 일상과 우리의 세상 속에 불어넣는 의미를 음미하는 것은 저의 감정과 사고에서 중요한 일부입니다.

몇 시에 잠자리에 드나요?

밤 9~11시에 자는데 보통은 10시면 잠자리에 듭니다. 젠과 저는 대개 잠자리에 들기 전에 단어 만들기 게임 같은 걸 한두 판 하고, 저는 독서를 조금 더 합니다. 최근에 업튼 싱클레어Upton Sinclair의 11권짜리 소설집 중 1권을 끝냈습니다. 래니 버드Lanny Budd라는 이름의 인물을 둘러싼 소설인데요. 조지 버나드 쇼는 "나의 긴 생애 동안 벌어진 일을 묻는다면 신문 자료나 다른 증거보다 업튼 싱클레어의 소설을 일러주겠다."라고 말하기도 했더군요.

아침 명상 루틴도 있나요?

《천의 얼굴을 가진 영웅The Hero with a Thousand Faces》의 저자이며 신화와 종교에 관한 수많은 저서를 남긴 조지프 캠벨Joseph Campbell이 노년기에 했던 강연이 생각납니다. 80대임에도 정정하고 우아한 모습을 간직하고 계셨죠. 영국의 유명한 저술가이자 연설가인 앨런 왓츠Alan Watts가 이렇게 물은 적이 있다더군요. "조지프는 어떤 요가를 하시나요?" 이에 조지프는 "저는 책

구절구절에 밑줄을 긋습니다."라고 답했답니다. 저도 명상을 실천하고 있습니다. 제 명상은 순간순간에 머물고, 마음으로 이어지는 모든 통로를 활짝 열어 우주를 제 안에 맞이하려고 노력하는 일입니다.

아침에 일어나자마자 이메일에 답변하나요?

물론 컴퓨터를 켜면 이메일을 확인합니다. 최대한 많은 메일에 즉시 답변하고, 그 밖의 것은 할 일 목록에 추가해둡니다. 때때로 마우스를 움직여 모니터 화면을 하단으로 내리다보면 시야에서 사라져 놓치는 메일들이 있습니다. 그러면 답변을 주기로 했던 사람들에게 잊지 않고 사과의 뜻을 전합니다.

파트너는 그런 루틴에 어떻게 소통해 주나요?

우리는 모닝루틴 대부분을 함께합니다. 물론 제가 주방을 어슬렁거리는 동안 아내는 전자 기기를 확인하곤 하죠. 제가 식기세척기를 정리하기 시작하면 아내도 와서 거들어줍니다. 누구든 아래층으로 먼저 내려가는 사람이 차를 끓이기 시작하고요.

아침 메뉴를
까다롭게 골라 준비해둔다

타일러 코웬Tyler Cowen

조지메이슨대학교 경제학과 교수, 《4차 산업혁명, 강력한 인간의 시대Average is over》 저자

어떤 모닝루틴을 갖고 있나요?

아침 6시 반이나 7시쯤 일어나서 미네랄워터를 조금 마신 뒤, 훈제 송어와 치즈를 얹은 피망 하나를 베어 먹고는 노트북 앞에 앉아 뉴스, 이메일, 트위터를 확인합니다. 마무리로 네 종류의 신문을 읽죠.

이 과정을 모두 마치면 넉넉잡아 2시간 정도가 흐릅니다. 이로써 그날 하루 동안 쓸 주제를 머릿속으로 정리할 수 있습니다. 오전 9시부터 정오까지가 주된 집필 시간이지만 때로는 점심 식사 후에도 작업에 들어가곤 합니다.

이 루틴을 얼마나 지켜왔나요? 달라진 것은 없나요?

오래된 루틴이에요. 트위터가 아직 나오지 않았던 시절부터 지켜왔으니 말입니다. 이전에 저는 아침 식사로 통곡물 시리얼을 오래 먹었습니다. 루틴이 아직 잡혀 있지 않던 시절이었고 배가 많이 불렀죠. 제 아침 식사 메뉴는 먹는 것에 점차 신경을 쓰면서 안정화시킨 식단입니다.

　때로는 아침에 피망을 먹기 전에 다크 초콜릿을 베어 먹기도 합니다. 초콜릿은 코코아 함량이 70% 이상, 88% 미만인 것을 골라야 합니다. 아무리 생각해도 저는 의지가 약한가 봅니다. 사실 초콜릿은 식사 말미에 먹는 것이 더 적절하거든요. 치즈 종류는 그때그때 다르지만 아침에는 크림 염소 치즈나 고품질의 체더치즈를 선호합니다. 이 치즈들은 하루 중 다른 시간대에 먹기에는 그리 좋지 않습니다.

몇 시에 잠자리에 드나요?

밤 11시 26분에 잡니다. 날마다 그 시간을 정확히 따르지는 않지만 대체로 지키는 편입니다. 가끔 11시 26분을 아내와 함께 확인할 때면 이제 잘 시간이라고 농담을 합니다. 그런 후에 정말 잠자리에 들죠.

아침을 잘 보내기 위해 자기 전에 하는 일이 있나요?

노트북 위에 안경을 둡니다. 잠자기 전에 샤워도 꼭 해두죠. 수많은 사람이 가장 생산적인 아침 시간을 샤워에 허비합니다. 샤워는 긴장을 이완시키고 마음을 차분히 가라앉히는데 왜 아침에 샤워를 하려는 건지 도무지 모르겠습니다. 저는 저녁 샤워를 즐기는 편입니다. 어찌 됐든 그 시간에는 몸이 늘어지니까요.

아침에 제일 처음 마시는 것은 구체적으로 무엇인가요?

언제 마시나요?

오스트리아산 게롤슈타이너 스파클링 미네랄워터를 마십니다.
저는 그것만 마십니다.

그런 루틴에서 파트너와는 어떻게 소통하나요?

저는 아내 옆에 서서 신문을 읽으면서 간간이 아내와 가벼운 대
화를 나눕니다. 아내도 일하러 나가야 하므로 전체적으로 두 사
람의 루틴이 충돌하는 일은 없게 합니다.

모닝루틴을 강화하는 데 유익한 제품이 있나요?

좋은 소파와 오디오가 매우 큰 힘을 가지고 있다고 생각합니다.

즐거움의 요소를 심어 놓는다

데이지 칸Daisy Khan
무슬림 발전을 위한 미국 협의회ASMA 사무총장

어떤 모닝루틴을 갖고 있나요?

저의 기상 시간은 오르락내리락하는 기도 시간에 따라 달라집니다. 이에 맞춰 기상 시간을 조절하죠. 라마단은 신체와 영혼과 정신을 시험하고 변화를 경험하기도 하는 달입니다. 라마단을 지킨다는 것은 정말 힘든 일입니다. 자정에 잠들어 새벽 3시 15분경에 깊은 수면에서 깨어나 식사를, 즉 수후르Suhur를 하고, 새벽 기도를 마치고 4시 반에 배부른 상태로 다시 잠들죠. 그러고는 8시 반에 다시 일어나서 직장에 갑니다.

일어나서 얼마 만에 아침 식사를 하나요?

알칼리 식단을 유지해야 하므로 일어나자마자 레몬수를 마십니다. 두 시간 정도 지나 몸에 좋은 메뉴로 구성된 아침 식사를 합니다. 점심을 거르기 때문에 그 시간에 먹는 거죠. 아침 식사로는 먼저 홍차에 우유를 타서 마십니다. 그리고 조리된 파바 콩, 오이, 루꼴라 또는 달걀에 글루텐 프리 빵과 제가 만든 수제 잼을 곁들여 먹습니다.

모닝루틴에서 가장 중요한 일은 무엇인가요?

옷을 제대로 갖춰 입는 일입니다. 근무와 저녁 행사를 모두 고려해서 옷을 골라야 하거든요. 《뉴욕타임스》를 날마다 꼼꼼하게 읽을 시간이 없어서 가볍게 훑어보고는 가위를 가져다가 읽고 싶은 기사를 오려둡니다. 그렇게 모은 기사를 주말에 읽는 거죠. 아침마다 어린이처럼 만들기 활동을 하는 기분이 들기도 합니다.

주말에도 이 루틴을 따르나요?

주말까지 루틴을 따르고 싶지는 않습니다. 그때야말로 느긋한 시간을 가질 때죠. 주말에는 몸이 원하는 대로 순순히 따릅니다. 피곤하면 자고 알람의 방해 없이 일어나고 싶을 때 일어납니다.

밖에서 머물 때는 어떻게 하나요?

여러 나라를 오가며 장시간 비행기를 탈 때가 많습니다. 그래서 저는 수면 보조기구를 사용해 다른 시간대에서도 생기를 유지합니다. 집을 떠나 있을 때는 레몬수 루틴을 잠시 내려놓습니다. 여행 가방에 레몬을 가지고 다니는 이유를 교통안전국 직원에게 설명하기가 너무 복잡하거든요.

모닝루틴을 어떻게 시작하나요?

취침 시간에 따라 아침 6시에서 6시 반 정도로 알람을 맞추고 잡니다. 저는 일찍 일어나는 걸 중요하게 생각해요. 안 그러면 하루가 축축 처지는 기분이 들거든요.

자리에서 일어나면 우선 커피를 내립니다. 그리고 강아지와 고양이 밥과 물을 채워 줘요. 제 몫으론 단백질 바 2개를 챙기고 제가 좋아하는 푹신한 의자에 눕듯이 앉아 뭔가를 읽습니다.

신문은 자세히 읽지 않고 머리기사만 확인하는 정도예요. 이 시간에 제가 읽는 건 책다운 책입니다. 만약에 읽을 만한 책이 없으면《뉴요커》주간지를 펴 들어요.

이 시간은 제게 아주 신성한 시간이에요. 숱한 소통과 소음에 노출되어야 하는 낮과 완전히 반대되는 시간을 보내서 자신을 충전하는 셈이거든요. 작가인 제게 독서는 항상 제 삶의 일부였는데 이제 낮에는 독서 시간을 낸다는 게 쉽지가 않아요.

이 시간에 보통 제 반려인 웬디는 아직 자고 있고, 강아지는 저를 따라 일어났다가 다시 잠자리에 들죠. 고양이 하나는 밖으로 나갑니다. 그럼 이 시간을 누리는 건 제 무릎에서 자리를 잡은 또 다른 고양이 하나와 이런저런 생각에 잠긴 저 자신뿐이에요. 우리 둘은 집 안의 정적이 깨지고 모두가 활기를 띨 때까지 그대로 있습니다. 이렇게 제 것만 같은 세상을 충분히 확보하고 즐기죠. 휴대전화가 울리고, 이메일 알림이 도착하고, 강아지가 다시 모습을 드러내는 그 급작스러운 순간이 제 세상을 일순간 종료시키기 전까지 말이에요.

이 루틴을 언제 시작했나요?

커피로 하루를 시작한 지 30년 가까이 됐네요. 커피는 피츠 프렌치 로스트 큰 컵 한 잔을 마십니다. 숟가락으로 떠먹어야 할 정도로 진한 커피죠. 혹시 좀 괴짜 같나요? 그래도 이렇게 꾸준히 지켜온 첫 일과 덕분에 마음이 충분히 차분해져서 무슨 일을 만나든 거뜬히 해낼 준비를 마친 채로 늘 하루를 시작했어요.

소방관이었을 때는 아침 독서 시간은 꿈도 꾸지 못했고 조금 느긋하게 일어나곤 했습니다. 그날 화재나 구급 현장에 출동하면 몇 시간을 보낼지 모르니까요. 잠이 부족하면 제대로 일할 수 없던 때였죠.

이 루틴은 전업 작가가 되면서 시작한 겁니다. 스스로 일정을 계획하기 시작하면서 알람을 맞추고 일어나는 것만큼은 확실히 해뒀죠. 단정한 틀을 갖추고 싶었거든요. 쓰던 원고를 꺼내 다시 붙잡고 씨름하는 일을 매일 오전 중에 시작하는 게 좋았습니다. 사무실 밖에서 일하면 아무 때나 잘 수 있으니 좋을 것 같죠? 하지만 막상 그런 상황이 되면 금세 혼란에 빠져 갈피를 못 잡게 되어서 좀 불쾌해지기 쉽습니다.

시계 알람을 항상 이용하나요?

네. 알람 없이 일어나려고 해본 적도 있어요. 제시간에 눈뜬다는 게 초능력처럼 느껴져서 그렇게 해보고 싶었거든요. 그런데 막상 해보려니까 밤새 노심초사하게 되더군요. 다음 날 제대로 일어날지, 늦어지게 자버리는 건 아닌지 염려가 되어서요. 그래서 고민할 가치가 없는 일이라고 판단했습니다. 알람의 도움은 기쁘게 받아들이기로 했죠. 어쩌면 저는 조금 유리했는지도 모르겠어요. 일단 알람이 작게라도 울리면 제가 아직 비몽사몽한 상태더라도 우리 강아지와 고양이들은 틀림없이 알람 소리를 듣고 제 곁으로 와서 제가 일어날 때까지 저를 뚫어지게 바라보거든요. 강아지와 고양이들은 살아 있는 스누즈 버튼처럼 한 번 알람이 울리고 나면 저를 반복적으로 깨우죠.

잠은 보통 몇 시에 자나요?

저는 매일 밤 9시에 잠들기를 좋아해요. 야행성은 아니거든요. 해가 지면 딱히 할 일이 없다고 느껴서 초저녁부터 다음 날 아침의 고요한 제 시간을 기대하기도 합니다.

반려인은 당신의 이 루틴을 어떻게 맞추고 있나요?

웬디는 일러스트레이터인데 일하는 능률이 밤에 가장 좋은 사람이에요. 저만큼 아침을 챙기지 않습니다. 덕분에 저는 아침 시간을 극히 고요하게 즐기고, 웬디는 옆에서 뒤척이는 사람 없이 편안히 잘 수 있어 서로 좋습니다.

밖에서 머물 때는 루틴을 어떻게 하나요?

제 여행 가방은 늘 무겁습니다. 바지와 셔츠 두 벌, 단백질 바 30개, 책 5권에 커피도 한 봉지 담아야 하니까요. 그런 저를 보고 웬디가 하는 말이 있습니다. "캐롤린, 다른 데도 아니고 뉴욕에 가는 거라고. 없는 게 없잖아!" 저도 압니다. 하지만 안 됩니다. 제 모닝루틴을 운에 맡길 수는 없죠. 사실 웬디는 저보다 훨씬 느긋한 사람입니다. 전에는 저더러 부담을 좀 내려놓으라고 잔소리하곤 했는데 9년쯤 지나니까 더는 말하지 않더군요.

주말에도 루틴을 유지하나요?

요일과 상관없이 일찍 일어나는 편을 선호하지만 주말에는 웬디를 생각해서 알람을 꺼둘 때도 있습니다. 글을 쓸 일이 있다면 평일처럼 알람을 맞춰 놓죠.

나만의 루틴 만들기

침대에서 아침 시간을 보내고 싶은 굴뚝같은 마음을 뿌리치고 잠자리에서 일어나 아침 시간을 충분히 즐길 준비가 되었는가?

여기에 제시하는 팁은 모닝루틴이라는 주제로 5년여 동안 다양한 사람들을 인터뷰한 가운데 얻은 내용이다. 그들 중에는 진지한 아침형 인간도 있었지만, 대다수 사람처럼 알람이 울리면 베개 속에 머리를 파묻고 모든 것을 잊고 싶어 하는 사람도 있었다. 이들이 들려준 이야기에서 유용한 정보를 얻어 보자.

"나는 수년간의 시행착오 끝에 하루의 첫 30분이 종일 나의 기분에 가장 큰 영향을 미친다는 것을 깨달았다."

— 몰리 써로윅Molli Surowiec, 피트니스 강사

"아침은 하루 중 신성한 시간이다. 나는 새로운 시작을 사랑한다. 어머니는 항상 내게 걱정하지 말라고 타이르며 내일은 새로운 날이

라고 말씀하셨다. 그 새로운 시작을 한껏 기대하며 잠자리에 들었던 어린 시절 내 모습이 떠오른다."

— 데나 헤이든Dena Haden, 술가

기상 시간 실험하기

당신은 항상 같은 시간에 눈뜨는가, 아니면 요일이나 기분에 따라 다른 시간에 일어나는가?

대다수 사람의 기상 시간은 직장, 학교, 그 외 어느 장소에 가느냐에 따라 달라진다. 해고나 낙제만 면하자는 생각이라면 겨우 제시간에 문밖을 나설 정도로 버티다가 가까스로 일어나는 것도 괜찮다. 하지만 깨어 있는 시간을 벌어 모닝루틴을 설계하고 싶다면 조금 더 일찍 일어나는 것을 실험해야 한다.

우선 평소보다 5분만 일찍 일어나겠다고 마음먹자. 보통 아침 7시에 일어났다면 알람을 6시 55분에 맞추는 것이다. 그렇게 일주일 동안 새로 정한 기상 시간에 맞춰 일어나보자(원한다면 주말까지 지속해도 좋다). 쉬운 연습 같지만 이런 작은 변화를 덧붙이면 훨씬 수월하게 새로운 습관을 들일 수 있다. 5분 일찍 일어나는 것을 일주일간 지속했다면 이번에는 거기서 5분 더 일찍 일어나는 실험을 한다. 처음보다 10분을 일찍 일어나는 셈이다.

이런 식으로 매주 5분씩 기상 시간을 앞당기다보면 자신에게 가장 잘 맞는 시간을 찾게 될 것이다. 단, 기상 시간을 너무 앞당기면 오후에 졸음이 올 수 있으니 주의하길 바란다.

침대 정돈하기

아침에 침대를 정돈하는 것은 정신을 차리고 오늘 하루를 위한 마음가짐을 갖추는 데 유익하고도 손쉬운 하나의 방법이다. 침대를 정돈해 두면 다시 침대 속으로 들어갈 확률도 낮아진다.

사회복지사 하이디 시스테어Heidi Sistare는 이렇게 말했다. "가지런히 정리된 침대를 보면 제 세상이 깨끗하고 질서가 잡힌 것 같아 든든한 마음으로 일에 몰입할 수 있습니다." 침대 정돈의 역할이 이런 것이다. 군대에서 장병들에게 침상을 정돈하라고 강조하는 것도 이런 이유에서다. 침대를 정돈하면 절제력이 생기고 그날 하루를 계획하는 자세가 잡힌다.

침대 정돈이 군에서 복무하는 사람의 경우처럼 금세 극적인 효과를 안겨주지는 못하겠지만, 이를 통해 더 주의 깊고 생산적인 하루를 만드는 데는 분명 유익할 것이다.

배경 소음 제거하기

아침에 일어나서 가장 먼저 아침 뉴스를 켠다면 또는 자동으로 지역 라디오방송을 켜도록 알람을 설정했다면 하루빨리 이 습관을 버리길 바란다. 이런 프로그램은 스트레스를 유발한다. 물론 새로운 정보를 전해주기는 하지만 아침 시간을 보내는 데 매우 부정적인 영향을 미친다.

워싱턴 연방 사법센터장 제레미 포겔Jeremy Fogel 판사의 루틴을 참고하는 것도 좋다. 포겔 판사는 아침에 신문을 챙겨와 커피를 내리고 나서 조용한 클래식 음악을 듣는다. "바흐, 헨델, 바로크 시대 작곡가들의 음악 등 제가 좋아하는 음악을 아침에 듣고 있으면 거의 항상 차분한 기운이 감돕니다. 그리고 곡의 구조가 주의력을 일깨우는 듯합니다."

바깥 공기 쐬기

얼굴에 햇볕을 쬐고 신선한 공기를 한껏 들이마시자. 밖에 나가 달리거나 자전거를 타도 좋고, 가볍게 동네를 한 바퀴 걸어도 좋다. 실내에서는 도저히 정신을 차리기 어려운데도 계속 집 안에 머무는 것은 무익하다. 밖으로 나가자.

지구력 운동을 전문으로 하는 테리 슈나이더Terri Schneider는 이렇게 말했다. "보통 아침에 일어나서 10~15분 후에는 집 밖으로 나갑니다. 일부러 서두르는 것은 아니지만 집에서 서성거려봤자 소용이 없거든요. 이른 아침의 조용하고 고요한 분위기를 좋아하다 보니 얼른 일어나 밖에 나가서 그 속에 있고 싶어집니다. 세상이 깨어나기 전에 저 홀로 그 공간을 차지하는 듯한 기분을 느끼려는 거죠."

감사하는 마음으로 아침 열기

샤카 셍고르Shaka Senghor는 이렇게 말했다. "아침에 제가 하는 첫 번째 일은 감사하는 마음에 집중하며 감사한 일 세 가지를 떠올리는 것입니다. 매일 감사하는 마음을 연습하는 겁니다."

감사하는 마음으로 모닝루틴을 시작하면 침대에서 빠져나오기도 훨씬 수월해진다. 단순히 해야 할 일을 넘어 그날 하루의 의미를 간직하기 때문이다.

종교가 있다면 기도로 하루를 열어도 좋다. 전직 예술 감독인 에린 로흐너Erin Loechner는 이렇게 말해주었다. "저는 '주님, 제 눈을 열어주소서.'라는 간단한 기도로 아침을 시작합니다. 그뿐입니다. 거창한 기도가 아니죠. 이 짧은 기도는 하루 동안 제게 필요한 정확한 관점을 갖게 해줍니다. 항상 이 기도문을 머릿속으로 되뇝니다."

스누즈 버튼 누르지 않기

대다수 사람이 알람에 의지해 일어난다. 우리도 마찬가지다. 하지만 스누즈 버튼은 장점보다 단점이 더 크므로 바람직하지 않다.

그렇다고 스누즈 버튼을 누르던 습관을 쉽게 없앨 수 있다는 뜻은 아니다. 교사인 리처드 워튼Richard Wotton은 이렇게 설명했다. "저는 스누즈 버튼을 누르지 않겠다고 자신과 약속합니다. 잘 생각해보면 10분 더 잔다고 좋을 게 없거든요. 겨울이면 기온이 영하로 내려가기 때문에 스스로와의 약속이 자주 시험 대에 오릅니다."

사실 알람은 온종일 업무와 갖가지 책임을 이행해야 하는 대 다수 사람에게 꼭 필요하다. 그런데 스누즈 버튼을 이용하면(알 람은 더 이른 시간에 맞췄더라도 잠시 눈을 붙이려는 생각에), 첫 알람을 듣고 일어날 때보다 몸 상태가 훨씬 나쁠 때가 많다. 저술가인 그레이 밀러Gray Miller의 말을 빌리면 "자는 시늉을 하면서 누워 있는 것은, 기어도 넣지 않았는데 엔진이 요란하게 돌아가는 것 과 같은" 것이다. 한편 CBS 방송국의 리얼리티 프로그램 〈서바 이버(Survivor, 미국 CBS 리얼리티 쇼)〉에 출연했던 기업가 그레그 케리Gregg Carey는 이렇게 표현했다. "삶에 대한 책임감이 침대 에서 빠져나오게 만드는 좋은 원동력이라고 봅니다."

알람시계를 다른 방에 두기

모닝루틴에 변화를 가미해 눈뜨는 시간을 확실하게 앞당길 가장 효 과적인 방법은 알람시계를 다른 방에 두는 것이다. 이 방법은 수많 은 인터뷰를 진행하는 동안 여러 번 언급됐다.

밤에 알람시계를, 실제로는 휴대전화를 다른 방에 두면 아침에 알람 을 끄기 위해 몸을 일으켜 침대에서 빠져나오는 과정만으로도 몸에 혈액이 돌게 하고 정신을 차리는 데 충분하다. 청소년 소설 작가인 린제이 챔피언Lindsay Champion은 이렇게 말했다. "일어난 뒤 침대에서

5미터나 벗어났다면 스누즈 버튼을 누르고 다시 잠을 청해봤자 아무런 의미가 없습니다."

뒤집어 생각하기

스누즈 버튼 사용을 극구 반대하는 우리 주장에 이의를 제기하는 사람도 있다. 평생 스누즈 버튼을 활용해온 사람에게는 이것이 효과적인 수단일 테니 우리도 반대할 뜻은 없다. 일러스트레이터인 엘리 트라이어Eli Trier는 스누즈 버튼을 누르고 누워 있는 것에 대해 이렇게 말했다. "그런 비몽사몽의 상태가 주는 강력한 효과가 있다고 생각합니다. 저는 해답을 찾지 못해 끙끙 앓던 문제를 그런 상태 속에서 풀곤 하거든요. 기가 막힌 깨달음과 아이디어를 얻는 순간도 그런 때입니다."

스누즈 버튼을 다섯 번이나 누르고 일어나도 아무 문제가 없는 사람도 있다. 하지만 이런 사람이라도 스누즈 버튼을 전혀 사용하지 않을 때 더 높은 에너지와 생산성을 얻는다는 데는 이견이 없을 것이다. 이와 달리 비몽사몽의 상태에서 영감을 얻는 사람이라면 자신만의 규칙을 세워서 실천하면 된다.

위에서 언급되지는 않았지만 자기만의 효과적인 기상 방법이 있다면 꾸준히 유지해나가길 바란다. 다만 어떤 경우에도 휴대전화를 포함한 전자 기기는 침실에 두지 않기를 권한다. 아침부터 소셜 미디어에 올라온 온갖 게시물을 확인하는 데 괜한 주의를 뺏기지 않을 것이다.

그런데 이를 다르게 바라보는 사람도 있다. 알파벳 주식회사Alphabet Inc.의 벤처기업 GV의 무한책임사원인 M.G. 시글러M.G. Siegler도 그중 하나다. 시글러는 이렇게 말했다. "저는 종종 정신이 완전히 들 때까지는 좀 기다렸다가 나중에야 휴대전화를 확인하겠다고 생각했는데, 사실 휴대전화를 확인하다보면 두뇌가 움직여 정신을 차리는 데 도움이 됩니다."

어떤 습관이든 지금 가지고 있는 각자의 모닝루틴을 부끄러워할 필요는 없다. 대화를 나눠보면 누구든 다들 약간의 즉흥성과 융통성은 기꺼이 발휘하며 살아가고 있었으니 말이다.

2장

아침의 효율을
업그레이드하자
하루 일과를 아침에 최대한 해두는 사람들

HAVE A PRODUCTIVE
MORNING

CHECK EMAIL

'효율적인 아침'의 반대말은
'눈 뜨자마자 이메일 확인'이다

아침 시간을 가장 창의적이고 보람된 일에 쓰는 것은 어마어마한 힘을 발휘한다. 뒷전에 밀려나 있을지 모르는 목표들을 성취하는 데 큰 진척을 이룰 수 있고, 이른 아침부터 알차게 시작했다는 든든한 기분이 하루 내내 따라온다.

할 일 목록을 하루 전에 작성하되 가장 중요한 일을 맨 위에 적어보자. 그리고 어쩔 수 없이 처리해야 할 급한 일을 제외하고는 작성한 목록대로 처리해보자. 나의 통제력을 벗어나는 일들에 끌려다니기보다는 아침 시간을 주도적으로 사용하자.

이번 장에서는 그레그 케리Gregg Carey의 아침을 구성하는 네 가지 필수 요소를 들어보고, 저술가이자 《뉴욕타임스》의 칼럼니스트인 마리아 코니코바Maria Konnikova로부터 아침에 이완해야 하는 이유를 들어본다. 이들을 포함한 9명의 유명인들이 공유해 준 아침 효율 업그레이드 비법을 살펴보도록 하자.

나를 기쁘게 만드는 것이라면 누가 뭐래도 하라

제프 콜빈Geoff Colvin
《포춘》편집장

어떤 모닝루틴을 갖고 있나요?

아침 6시에서 6시 반 사이에 일어나서 60초 안에 물을 세 잔 마시죠. 이렇게 하면 몸과 뇌를 깨우는 데 놀라운 효과가 있습니다. 간단하게 스트레칭을 하고 나가서 8킬로미터를 주 6회 뜁니다. 집에 돌아오면 아침 식사를 하고 샤워와 면도를 한 뒤 옷을 입고 일을 시작하죠. 집에서 일하기 때문에 통근은 따로 없습니다.

이 루틴을 얼마나 지켜왔나요? 달라진 것은 없나요?

10~15년 유지해 왔습니다. 지나치다 싶게 관리하던 식단에 약간의 변화를 준 것 빼고는 달라진 것이 없습니다.

몇 시에 잠자리에 드나요?

보통 밤 9시에서 9시 반이니 9시간 정도 자는 셈입니다. 길죠. 하지만 저는 충분히 자는 것을 매우 좋아합니다. 충분한 수면의 중요성에 대해서는 밤새워 말해도 모자랄 겁니다.

아침을 잘 보내기 위해 전날 밤에 하는 일이 있나요?

일과 관련 없는 무언가를 읽습니다. 그러면 쉽게 잠들거든요. 술은 마시지 않습니다. 이전에도 과음하는 편은 아니었어요. 저녁 식사 때 와인 두 잔 정도 했으니까요. 그런데 8년 전쯤 술을 전혀 마시지 않을 때 몸 상태가 더 좋다는 것을 알게 되었습니다. 아침 시간을 수월하게 보낼 생각으로 술을 끊은 것은 아니지만 그 덕분에 아침 컨디션이 좋아진 것은 사실입니다.

일어나서 얼마 만에 아침 식사를 하나요?

일주일에 여섯 번은 아침 식사로 귀리, 무지방 플레인 우유, 신선한 과일, 말린 과일, 호두를 먹고 차도 조금 마십니다. 일요일에는 메밀과 옥수수 가루를 섞어 팬케이크를 만들어 신선한 과일과 무지방 플레인 그릭 요거트를 얹어 먹습니다.

아침 식사로 귀리를 먹을 때는 보통 네 가지 종류를 돌아가며 선택합니다. 어느 경우든 물을 붓지 않고 탈지유만으로 귀리를 조리합니다. 네 가지 귀리 종류는 스틸컷(Steel-cut, 곡물을 거의 균일한 입자로 가는 일 — 옮긴이) 귀리, 거칠게 빻은 오트밀, 눌린 귀리, 귀리기울(oat bran, 귀리 가루를 내고 남은 속껍질 — 옮긴이)과 위테나(Wheatena, 밀을 구워 만든 시리얼로 섬유질이 풍부한 식품 브랜드)의 혼합물입니다. 이 중 하나를 일본식 밥솥으로 쪄놓고 달리러 나갑니다. 밥솥이 없는 삶이란 상상조차 할 수 없습니다.

아침에 해야 할 가장 중요한 일은 무엇인가요?

할 일 목록을 매일 아침 작성합니다. 목록을 보면서 가장 중요한 항목이 무엇인지 확인하고 억지로라도 중요한 순서대로 하려고 애씁니다. 쉽지 않을 때가 많습니다.

실패할 때는 어떻게 하나요?

분명 실패할 때가 있습니다. 그러면 몸이 무겁고 둔하다는 느낌이 들면서 비참해집니다. 루틴을 하루 놓친 것은 괜찮습니다. 이틀을 놓치고 나면 좀 느슨해졌다는 느낌이 들죠. 이런 감정에 사로잡히지 않고 그냥 루틴을 계속해나가겠다고 생각해야 3일 연속으로 루틴을 놓치지 않을 수 있습니다.

그 밖에 덧붙이고 싶은 내용이 있나요?

저의 루틴을 제가 참 좋아한다는 것은 꼭 강조하고 싶네요. 물론 루틴을 따르면 온갖 건강에 유익한 점이 있지만 그런 것들을 일부러 생각할 필요도 없습니다. 저는 달리기할 때 기분이 정말 좋아집니다. 특히 야외에서 달릴 때 아주 즐거워요. 아침 식사도 매우 만족스럽습니다. 그렇게 아침을 보내고 나면 하루 내내 기분이 좋습니다. 모두에게 자신이 사랑하는 루틴을 꼭 찾으라고 권하고 싶습니다.

모든 것을 희생해서라도
수면을 충분히 사수하라

빌 맥냅 Bill Mcnabb
뱅가드 그룹 Vanguard Group **대표**

어떤 모닝루틴을 갖고 있나요?

새벽 5시에서 5시 15분 사이에 일어납니다. 커피를 들고 작업실로 가서 책상 앞에 앉으면 5시 45분에서 6시 15분쯤 되죠. 대체로 이 책상에서 뉴스를 훑어본 뒤에 이메일에 답변합니다. 오전 8시면 회의가 시작되고 빽빽한 일정이 이어집니다.

이 루틴을 얼마나 지켜왔나요? 달라진 것은 없나요?

지난 30년간 저의 루틴은 30분 정도 달라졌습니다. 2008년에 CEO가 되고부터 아침 준비 시간을 조금 더 벌려고 더 일찍 출근하기 시작했습니다. 그것 말고는 1986년 입사 이래로 제 루틴은 크게 달라지지 않았습니다.

몇 시에 잠자리에 드나요?

대체로 밤 9시에서 10시 사이에 잡니다.

아침 운동 루틴도 있나요?

운동은 제 일과의 중요한 일부입니다. 저는 주 4회 정오 운동을 하려고 노력합니다. 회의나 출장 때문에 운동 시간을 맞출 수 없을 때는 아침 운동으로 대신하기도 합니다. 여행 중일 때는 하루를 시작하기 전에 운동하는 데 쓸 수 있도록 TRX(전신 저항운동을 하는 데 쓰는 줄 모양의 운동기구—옮긴이)와 줄넘기를 챙겨 갑니다. 가까운 헬스장을 찾아 노 젓기 연습을 할 수 있는 로잉 머신Rowing machine을 이용하기도 합니다.

아침에 해야 할 가장 중요한 일은 무엇인가요?

조용한 가운데 읽고, 생각하고, 제 앞에 놓인 하루를 위해 자신을 준비하는 시간을 갖습니다. 무슨 일이 있어도 이 시간만큼은 꼭 지키려고 노력합니다.

실패할 때는 어떻게 하나요?

뻔하죠. 모든 일이 어그러집니다. 대부분 전날 부족했던 잠이 원인입니다. 늦게 자고 늦게 일어나 사무실로 달려가면 줄줄이 도미노 효과가 이어지죠. 고요한 아침 시간은 점심때로 밀리고 운동 시간도 촉박해집니다.

　사실 저는 충분한 수면을 얻기 위해 모든 것을 희생합니다. 심지어 잠을 위해서 모닝루틴을 포기하기도 합니다.

아침에 최대한 업무하고
오후를 맞는다

라이언 홀리데이Ryan Holiday
《돌파력The Obstacle Is the Way》 **저자**

어떤 모닝루틴을 갖고 있나요?

셰인 패리시Shane Parrish[2]가 알려준 기막힌 팁이 있습니다. 생산성을 높이고 싶다면 일찍 일어나라는 것입니다. 이 조언에 따라 제가 결정한 제 기상 시간은 아침 8시쯤입니다. 규칙이 하나 더 있습니다. 아침에 뭔가 일을 하나 해놓고 나서 이메일을 확인하자는 거죠. 샤워, 장거리 달리기, 떠오르는 생각을 노트에 적어두기 등등 다양한 일을 할 수 있습니다. 저는 대개 글을 씁니다. 한두 시간 정도요. 샤워를 하고 서재에 내려가 자리를 잡고 앉아서 쓰는데 이렇게 생산적인 아침을 보내면 나머지 일과는 술술 흘러갑니다. 알찬 아침 이후에는 다 덤인 거죠.

이 루틴을 얼마나 지켜왔나요? 달라진 것은 없나요?

루틴이란 시간이 지남에 따라 하나둘 더하고 각색해 나가는 것

---

2   셰인 패리시Shane Parrish의 모닝루틴은 76쪽을 참고할 것.

입니다. 지금의 루틴을 만들기까지 약 8년 정도 걸렸네요.

현재 루틴을 실천한 것은 이제 4년쯤 됩니다. 거주 장소에 따라 루틴이 조금씩 달라지죠. 장소를 옮길 때면 얼마나 빨리 원래 루틴으로 돌아올 수 있을지도 관리해야 하는데 아무래도 저는 루틴에 중독된 사람이라서 더 수월하게 해내는 것 같습니다.

아이가 생기는 것만큼 루틴을 뒤흔드는 일은 없습니다. 저와 아내는 육아에 따르는 대대적인 변화에 대비했습니다. 크게 달라진 것은 없습니다. 아침에는 아내가 좀 더 눈을 붙일 수 있도록 제가 한 시간 정도 아이와 놀아주죠. 아이를 무릎에 앉혀 놓고 저는 노트에 글을 씁니다. 닭들을 밖에 내보낼 때는 아이를 안고 움직입니다. 가끔은 책을 읽어주기도 합니다. 제 루틴에 느긋하고 평화로운 좋은 활동이 추가된 것뿐입니다.

'이메일 없는 아침'이라는 규칙도 제게 큰 영향을 미쳤습니다. 이 규칙은 아침을 열면서 난처한 일부터 만나지는 않겠다는 의지입니다. 글을 쓰는데 읽지 않은 메일 46개가 머릿속에 둥둥 떠다니길 원치는 않으니까요. 이는 현재 순간에 온전히 집중하는 데 전혀 유익하지 않습니다.

알람 소리를 듣고 일어나나요?

네. 하지만 스누즈 버튼을 애용하진 않아요. 제게 가장 잘 맞는 시간에 일어나고, 맞춰둔 시간이 제게 맞지 않으면 바꿉니다.

일어나서 얼마 만에 아침 식사를 하나요?

외식하느냐 아니면 아내와 함께 아침을 만드느냐에 따라 달라집니다. 뉴욕에 살 때는 대체로 아침에 같이 나가서 레스토랑에서 작업을 했습니다. 오스틴에 있는 지금도 종종 그렇게 합니다. 하지만 이곳에서는 닭들을 기르다 보니 아침이면 주로 닭장에 가서 달걀을 가져와 집에서 같이 요리를 합니다. 주방 바로 옆에 제 작업실이 있어서 어차피 왔다 갔다 하죠.

주말에도 이 루틴을 따르나요?

제게 주말은 산만한 일들과 갖가지 의무로부터 눈을 돌릴 때 삶이 어떻게 펼쳐질지 시험하는 시간입니다.

토요일에는 미뤄뒀던 일을 보충하는 날로 지키려고 노력합니다. 평일에 끙끙 앓았던 골칫거리들을 주말까지 껴안지 않으려고 애쓰는 편이죠. 주말 시간 대부분을 농장에서 보냅니다. 농장일은 재밌습니다. 농장에 있는 동안에는 몇 시간이 지나도록 휴대전화를 보고 싶다는 생각이 들지 않으니까요. 돈도 들지 않고요. 아, 사실상 비용이 들긴 하죠. 하지만 괜찮습니다. 재미있으니까요.

어떤 모닝루틴을 갖고 있나요?

저는 알람 없이도 일어날 수 있는 행운을 타고났습니다. 그래서 아침이 시작되는 시간은 조금씩 다르죠. 마법 지팡이를 휘둘러 세상 모든 사람에게 선물을 하나 줄 수 있다면, 끊임없이 울려대는 성가신 알람 없이도 일어날 수 있는 능력을 주고 싶습니다. 자연스럽게 눈이 떠질 때 일어나게 해주는 것만큼 이 세상이 살맛 난다고 느끼게 할 만한 건 없으니까요.

저는 누가 봐도 아침형 인간입니다. 생체 시계를 따르더라도 아침 6시 반을 넘어서까지 자는 일은 거의 없습니다. 그 전에 일어날 때가 많죠. 금세 정신을 차립니다. 제 삶에 길고 느긋한 아침이란 없습니다. 일어났으면 바로 행동에 들어갑니다.

물을 끓이는 동안 머릿속으로 그날 하루를 내다보고, 캘린더를 확인하고, 이메일과 메모를 훑어보면서 어젯밤에 잠든 이후로 긴급한 일이 없었는지 확인합니다. 그런 다음 차나 커피를 만들고, 아침 식사를 한 뒤 아침 8시부터 정오까지 네 시간 동안 '백지 공간'이라고 이름 붙인 시간대에 돌입합니다. 저의 평일 캘린더에서 이 시간은 비어 있습니다. 저만이 그 시간에 할 일을 결정할 수 있죠. 집필, 사업 개발, 이사회 회의, 운동 등 제 마음대로 정할 수 있습니다. 이를 통해 목적의식과 통제감을 가지려고 하는 거죠. 그렇지 않으면 수동적으로 작업 환경에 따라 움직이게 되거든요. 또한 저의 방법은 지나치게 많은 '체계'를 부여하지 않고도 아침 시간을 규모 있게 짤 수 있게 합니다.

수월한 아침을 보내기 위해 전날 밤에 하는 일이 있나요?
제가 잠들기 전에 하는 유일한 행동은 미래에 해내야 할 일들을 간략히 목록으로 적어보는 것입니다. 매일 하는 건 아닙니다.

아침 운동 루틴도 있나요?
저의 모닝루틴에는 항상 운동이 있어요. 종류는 가리지 않습니다. 달리기, 자전거, 스키, 요가, 암벽 등반, 로잉, 서핑 등등 주어진 환경 안에서 무슨 운동이든 합니다.

운동은 저의 명상이자 토대입니다. 운동은 힘을 쓰는 게 아니라 차분함, 주의력, 에너지를 오히려 얻는 과정이라 봅니다.

수면이나 모닝루틴을 강화하는 데 활용하는 앱이나 제품이 있나요?
없습니다. 사실 저는 아침 시간에 각종 기기가 침투하는 것을 줄이려고 애쓰는 편입니다. 물론 삶의 다른 영역에서는 기술의 유익을 충분히 누리고 있지만 말입니다.

아침에 해야 할 가장 중요한 일은 무엇인가요?

매일 아침 제가 하는 가장 중요한 일은 긴박감이 비집고 들어오지 않도록 저 자신을 가라앉히는 것입니다. 이따금 제가 급박한 감정의 소용돌이에 빠져드는 것을 발견하곤 하거든요. 그럴 때면 내면에 공황이 일어나 제가 아무리 통제하려고 해도 할 일 목록이 끝도 없이 늘어나죠. 하지만 오래전에 배운 사실이 하나 있습니다. (물론 이를 잊을 때도 있습니다!) 이런 긴박감은 제가 만들어낸 환상일 때가 많다는 거죠. 긴박감 없이 움직일 때 훨씬 생산적입니다.

몇 년 전 토머스 켈러Thomas Keller에 관한 글에서 읽은 구절이 생각납니다. 이 책에서 저자는 켈러가 운영하는 유명한 레스토랑인 프렌치 런드리French Laundry를 가득 채우는 차분한 분위기에 경탄합니다. 저자는 그토록 차분한 분위기 속에서 그렇게 정확한 기준대로 훌륭한 음식을 준비하는 비결을 궁금해합니다. 여기서 역설적인 사실은 그런 차분한 환경이 있었기에 생산성을 확보할 수 있다는 점입니다. 저도 그런 차분한 숙련도를 추구하고 있으며 가끔 이를 성취합니다.

직업이 두 개라도 아침엔 멀티태스킹 금지

쉬나 브래디|Sheena Brady
티즈 티|Tease Tea **CEO, 쇼피파이**|Shopify **상거래 팀장**

어떤 모닝루틴을 갖고 있나요?

매일 아침 6시에 일어나려고 노력합니다. 신체적으로나 정신적으로 일할 준비를 하는 데 저는 한 시간 정도 걸리거든요. 오전 7시부터 11시까지는 제 회사 티즈 티Tease Tea를 운영하고, 11시부터 저녁 7시까지는 쇼피파이에서 제가 맡은 팀을 총괄합니다. 오전 시간은 대개 아래와 같이 보냅니다.

[오전 6:00] 일어나서 반려견들을 밖으로 내보내고 커피를 내립니다. 커피가 준비되는 몇 분 동안 스트레칭을 합니다. 그러고 나서 양치하고 샤워하고 옷을 갈아입은 뒤 10~20분 명상을 합니다.

[오전 7:00] 캘린더를 검토하고 일정을 세운 뒤, 그날 해야 할 모든 일을 시간대별로 나눕니다. 그 후에 일에 돌입하는데 멀티태스킹을 하지 않으려고 최대한 노력합니다. 시간대별 업무 계획에 충실하려고 애쓰죠.

[오전 9:30] 티즈 티 사무실과 물류센터로 출근합니다. 티즈 티에

서 시간제로 근무하는 여동생과 가볍게 이야기를 나눕니다. 동생이 그날 하루 동안 문제없이 일하는 데 필요한 모든 것을 구비하고 있는지 확인합니다. 그런 다음 디지털 마케팅과 커뮤니티를 관리하는 매니저와 원격으로 회의하고, 외부에서 근무하는 물류센터와 운영을 관리하는 매니저와도 원격 회의를 진행합니다. 당일 목표, 그 밖에 장애물과 곤란한 문제 등을 논의하고, 서로를 지원하고 업무 수행에 장애가 되는 요인을 제거할 방법을 놓고 의견을 나눕니다.

[오전 10 : 30] 할 일 목록에서 그 시간까지 끝내지 못한 일이 있으면 마저 마무리합니다. 보통 이 시간쯤 되면 이메일을 확인합니다. 11시까지 끝내지 못한 일은 저녁이나 다음 날 아침에 마저 처리합니다.

멀티태스킹과 맥락 전환의 차이

멀티태스킹Multitasking이라고 말할 때 실제로는 맥락 전환Context switching을 의미하는 경우가 많다. 맥락 전환은 이메일을 열어 2분간 '짧게' 훑어본 뒤에 원래 했던 일로 돌아오는 것을 뜻한다. 본질적으로 맥락 전환은 해로운 활동이다. 일하다가 온라인 기사를 읽는다거나, 기사를 읽다가 휴대전화를 확인할 때마다 에너지가 소모돼 기운을 잃어버리는 '거래비용'을 경험하기 때문이다.

이와 달리 멀티태스킹이란 두 가지 이상의 일을 동시에 실행하는 것으로 성공률은 상이하게 나타난다. 멀티태스킹을 시도하는 대다수 노력은 실패로 끝난다. 회의에 집중하는 척하면서 온라인으로 식료품을 주문해본 사람이라면 누구나 알 것이다. 하지만 사실 충분히 병행할 수 있는 활동들도 있다. 자전거를 타면서 목적지인 직장까지 가는 길을 가늠할 수도 있고, 안전에 유의한다면 운전을 하면서 오디오북을 들을 수도 있다.

[오전 11 : 00] 쇼피파이Shopify에서 또 다른 하루를 엽니다. 우선 제가 챙겨야 할 시급하거나 중요한 문제가 있는지 살펴본 뒤, 수신함을 훑어보면서 해결할 수 있는 일은 바로 처리합니다. 쇼피파이에서 제가 하는 일은 캐나다의 브리티시컬럼비아에서 뉴질랜드에 이르기까지 세계 8곳에서 일하는 원격 팀을 총괄하는 것입니다. 그러다 보니 다양한 시간대에 온라인에서 팀원들과 교류하죠. 이에 따라 그날 예정된 중요한 회의에 참석하고, 팀원 각자와 일대일 회의를 갖기도 합니다.

이 루틴을 얼마나 지켜왔나요? 달라진 것은 없나요?

지금의 루틴을 지켜온 지 이제 1년 가까이 됐습니다. 물론 몇몇 부분은 달라질 수 있습니다. 현실적으로 생각하면서 아침에 여유 시간을 가져야 한다는 것을 배웠습니다. 일어나서 첫 몇 시간 동안 집에서 일하긴 하지만요. 잠에서 깨어난 아침, 그 어떤 일보다 먼저 1시간 정도를 개인적으로 하고 싶은 일에 사용했더니 놀라울 정도로 생산성이 향상되는 것을 경험했습니다.

마리아 코니코바Maria Konnikova
《뉴요커》 기고가, 《뒤통수의 심리학The Confidence Game》 저자

어떤 모닝루틴을 갖고 있나요?

저는 전혀 아침형 인간이 아니었는데 10년 전쯤 남편과 함께 살기 시작하면서 달라졌습니다. 남편이 이른 아침부터 일을 시작하다 보니 저도 아침형 인간이 된 거죠.

보통 아침 6시쯤 일어나서 제일 먼저 차를 만듭니다. 카페인이 필요하거든요. 그런 다음 아침 요가로 경배 자세를 취해서 정신을 차립니다. 그리고 나서 아침을 먹고 샤워를 한 후에 오전 일정에 들어가죠. 대개는 먼저 이메일을 훑어보면서 집필에 들어가기 전에 급히 해결해야 할 일이 없는지 확인합니다.

이 루틴을 얼마나 지켜왔나요? 달라진 것은 없나요?

지난 10년을 돌아봤을 때 최근 추가된 것은 명상입니다. 그전까지는 전혀 명상을 진지하게 해보지 않았어요. 명상은 생각을 정돈하는 훌륭한 방법입니다. 정신을 더 맑게 하고 집중력을 높이고 싶은 누구에게든 명상을 권합니다. 요가 끝 무렵 20~30분간

명상에 깊이 들어가려고 노력합니다. 요가 후에 밖에 나가 달리기를 하기도 해요.

　일반적으로 저는 체계가 잡혀 있지 않은 사람입니다. 책상도 지저분하고, 글쓰기도 매우 산만하죠. "글쓰기에 어떻게 접근하시나요?"라는 물음에 십중팔구 저의 대답은 "일단 화면에 마구 써놓고 어떻게 되나 봅니다."라는 것입니다. 정말 그렇게 쓰거든요. 저의 뇌는 질서가 잡혀 있지 않고, 아침 시간을 제외한 나머지 하루도 전혀 체계가 없습니다. 아침만이 유일하게 "뭔가 해냈다."라고 말할 수 있는 시간이죠. 그리고 나면 적어도 무언가는 처리했다는 생각을 가지고 하루를 보낼 수 있거든요.

수월한 아침을 보내기 위해 전날 밤에 하는 일이 있나요?
하나 있습니다. 다음날 해야 할 일을 머릿속에 기억해야 하는 게 번거로워서 플래너에 기록을 남겨놓거든요. 머릿속에 있는 내용을 꺼내 놓으려고 빠짐없이 적어놓는데, 문제는 그 노트를 다시 꺼내 보지 않을 때가 많다는 것입니다.

일어나서 얼마 만에 아침 식사를 하나요?
대개 일어나서 1시간쯤 지나서 아침 식사를 합니다. 메뉴는 늘 같습니다. 심지어 집 밖에 있을 때도 같은 것을 먹죠. 항상 아침으로 오트밀에 꿀과 블루베리를 곁들여 먹습니다.

모닝루틴을 강화하는 데 활용하는 앱이나 제품이 있나요?

그렇지는 않습니다. 그런 것들을 활용해서 유익을 얻는 사람들도 있다고 생각하는데요. 솔직히 말해서 그런 기기 중 다수는 쓸모없는 것들입니다. 이미 살면서 스트레스 받는 것들이 많아 문제인데 그런 것까지 둘 필요는 없다고 봅니다. 앱의 지적을 받고는 "세상에, 일어나는 것도 제대로 못 했어."라며 걱정에 휩싸이고 싶지는 않거든요.

아침에 해야 할 가장 중요한 일은 무엇일까요?

저는 늘 이 일 저 일을 넘나들며 다양한 프로젝트를 다룹니다. 그러다 보니 오늘 우선시해야 할 일, 오늘 완료하고 싶은 일이 무엇인지 잘 파악하려고 노력하면서 이에 맞는 마음가짐을 가지려고 애씁니다. 하지만 온종일 잘 짜인 체계를 따르지는 못한다고 자책하지는 않습니다. 가령 이 일을 마치고 싶었는데 저 일을 마쳤다고 해서 낙담하지 않습니다. 하루하루 마음이 어떻게 작동할지 예측할 수 없으니 그때그때의 상황을 받아들일 줄 알아야 합니다.

그레그 캐리Gregg Carey
기업가, 〈서바이버〉 참가자

어떤 모닝루틴을 갖고 있나요?

아침에는 6시 반쯤 일어나는 것을 목표로 하고 있습니다. 제 고양이 루퍼스가 제 몫을 톡톡히 하는데요. 매일 똑같은 시간에 저를 깨우는 기가 막힌 능력을 발휘하고 있습니다. 저의 모닝루틴은 네 가지 기본 요소로 이루어져 있습니다. 세부사항은 달라질 때도 있지만 기본 요소는 변함없고 이에 따라 제가 누리는 행복이 크게 좌우됩니다. 각 요소를 설명해 볼까요?

- 에너지: 먹고 마시기
- 신체: 운동하기(주로 고강도 운동)
- 정신: 피아노 연주하기, 명상하기
- 영혼: 목적의식 지키기, 감사하기, 고양이 밥 주기, 키스하기

이 루틴을 얼마나 지켜왔나요? 달라진 것은 없나요?

피아노 연주를 더한 것이 가장 큰 변화였습니다. 항상 음악을 사랑해 왔지만 악기를 연주해본 적은 없었거든요. 이것이 제게

큰 후회로 남을 것 같더군요. 그래서 2년 전쯤에 재즈 피아니스트에게 개인지도를 받기 시작했습니다.

하루하루 피아노를 연주하며 얻는 유익은 두 가지입니다. 첫째, 완전히 현재 순간에 몰입하지 않는다면 악기 연주를 배울 수 없으므로 명상의 효과가 있습니다. 둘째, 날마다 "어제는 못 치던 것을 또 하나 해냈네."라고 말할 수 있죠.

몇 시에 잠자리에 드나요?

보통 밤 11시에서 자정 사이에 잠자리에 듭니다. 최근에는 제 루틴을 고려해 수면을 우선시하고 있습니다. 잠을 더 오래 자는 것이 스스로 할 수 있는 일 중에서 가장 유익하다는 것을 깨달았거든요. 그렇게 잠을 더 많이 잘 때는 루틴을 적절히 조정합니다. 기본 요소는 지키되 활동 시간을 줄이는 거죠.

수월한 아침을 보내기 위해 전날 밤에 하는 일이 있나요?

주로 잠들기 전에 작은 찻잔에 차를 담아 아내와 나눠 마십니다. 제가 아침 루틴에 신경 쓰는 것만큼 아내는 저녁 루틴에 주의를 기울입니다.

컨디션이 좋을 때는 그날 하루를 되돌아보고 다음 날 목표로 하는 일들을 상세히 준비합니다. 컨디션이 최상일 때는 벤자민 프랭클린의 13가지 덕목을 실천합니다.

벤자민 프랭클린의 13가지 덕목

청년 시절 '도덕적으로 완벽한' 인간을 꿈꾸던 벤자민 프랭클린은 바람직하다고 생각하는 덕목을 실천하려고 노력했다.

프랭클린의 전기 작가 월터 아이작슨Walter Isaacson에 따르면 1차 목록에는 12개 항목만 있었다고 한다. 이를 본 퀘이커교도 친구는 프랭클린이 자주 죄책감을 느끼는 교만에 관한 내용이 빠져 있다고 일러주었고 프랭클린은 열세 번째 덕목으로 '겸손'을 추가했다.

프랭클린은 한 번에 한 가지 덕목에 집중하되 머릿속으로는 다른 덕목도 생각하려고 노력하면서 요일마다 실천할 덕목을 표로 만들어 간직했다. 덕목을 어길 때마다 표 위에 점으로 기록하며 관리했다. 이는 1720년대 후반에 살았던 프랭클린뿐 아니라 오늘날 우리에게도 유익한 일이다. 프랭클린의 13가지 덕목은 아래와 같다.

1. 절제Temperance: 둔해질 정도로 먹고 마시지 마라.
2. 침묵Silence: 남과 자신에게 유익하지 않은 말은 삼가라. 쓸데없는 대화는 피하라.
3. 규율Order: 물건은 제자리에 두고 일은 제시간에 실행하라.
4. 결단Resolution: 마땅히 해야 할 일은 실행에 옮겨라. 결심한 것은 반드시 이행하라.
5. 검소Frugality: 남과 자신에게 유익하지 않은 일에 돈을 쓰지 마라.
6. 근면Industry: 항상 유익한 일에 몸담고 시간을 허비하지 마라. 불필요한 행동은 모두 잘라내라.
7. 진실Sincerity: 감정을 상하게 하는 속임수를 쓰지 마라. 악의 없이 공정하게 생각하라. 말과 행동을 일치시켜라.
8. 정의Justice: 불의를 저질러 피해를 주는 일이 없게 하고, 정당히 치러야 할 대가를 잊지 마라.

9. 중용 Moderation: 극단을 피하라. 상대가 잘못을 저지르더라도 홧김에 해를 끼치는 일을 하지 마라.

10. 청결 Cleanliness: 항상 몸을 청결히 유지하고, 옷매무새를 단정히 하고, 주변을 깨끗이 하라.

11. 평정심 Tranquility: 사소한 소요, 흔한 사고나 불가피한 상황에서도 동요하지 마라.

12. 순결 Chastity: 건강과 자손을 위한 일이 아니라면 성생활을 자제하라. 둔감해지거나 건강을 잃을 정도가 되어서는 안 된다. 또한 자신과 타인의 안녕과 평판에 해를 끼치지 않도록 한다.

13. 겸손 Humility: 예수와 소크라테스를 본받아라.

아침 운동 루틴도 있나요?

저는 고강도 운동을 아주 좋아합니다. 크로스핏 운동을 했었는데 아주 만족스러웠습니다. 마라톤 훈련을 할 때는 장거리 달리기도 해봤습니다. 여름에 16킬로미터를 달리고 나서 찬물에 샤워하고 나오면 커피를 마시는 것보다 열 배는 기분이 좋습니다.

아침에 해야 할 가장 중요한 일은 무엇인가요?

아내에게 사랑한다고 말하는 것입니다. 아주 중요합니다.

주말에도 이 루틴을 따르나요?

토요일에는 이 루틴을 지키고 보통 일요일에는 자연스럽게 하루가 흘러가게 둡니다. 정해진 스크립트를 벗어나 스위치를 내리는 것이 매우 중요하다고 생각합니다. 탄탄한 토요일 루틴을 따라 다음 주 계획도 짜고 운동도 충분히 하고 나면 하루 반나절을 훨씬 느긋하게 즐길 수 있습니다.

〈서바이버〉 출연 당시 무인도에서 지내는 동안 아침 시간은 어떻게 보냈나요?

야생의 삶이란 정말 척박하더군요. 33일 만에 체중이 14킬로그램이나 빠질 정도였으니까요. 피난처도 부실한 상황에서 밤새 사이클론을 맞기도 했습니다. 살면서 누리는 가장 기본적인 것들의 소중함을 뼈저리게 느꼈고, 인간이란 생각보다 더 많은 것을 해낼 수 있다는 것도 느꼈습니다.

해와 함께 하루를 시작하고 끝냈습니다. 일출과 일몰 때 하늘이 물드는 모습을 보면 그저 조용히 마음을 가라앉히고 혼란 속에서도 감사한 마음을 가지고 평정심을 되찾을 수 있었습니다. 끝이 정해져 있는 모든 전략과 '게임 플레이'가 막을 내린 후 참가자들은 삶을 음미하게 되었습니다. 우리 가족과 먹을 양식과 몸을 뉠 장소 등 가장 기본적인 것에 깊이 감사하게 되었죠.

셰인 패리시Shane Parrish
파르남 스트리트 Farnam Street **블로그 개설자**

어떤 모닝루틴을 갖고 있나요?

아침은 하루 중 가장 실속 있는 시간입니다. 저는 가장 중요한
일을 아침에 할 수 있도록 일과를 맞춰왔습니다.

우리의 에너지 수준과 집중력은 하루를 보내는 동안 오르락
내리락합니다. 대다수 사람은 산만한 일과 소음이 없고 정신력
이 닳지 않은 이른 낮 시간대에 최고의 집중력을 발휘합니다.
저는 오늘 잠들기 전부터 내일의 모닝루틴에 신경 씁니다. 내
일 주의력을 쏟아야 하는 중요한 프로젝트 두세 개를 이때 적
어두죠.

다음 날 아침 6시에서 6시 반에 일어나 커피를 들고 자리에
앉아 그 일들을 처리합니다. 저는 60~90분간 방해받지 않고 딥
워크Deep work [3]와 까다로운 문제에 집중하는 데 투자합니다. 그
러고 나서 잠시 휴식을 취하고, 또 다른 커피 한잔과 아침 식사
를 하고, 재검토하거나 알아보고 싶은 아이디어가 머릿속에 떠

---

3   '딥 워크'deep work 개념은 85쪽의 설명을 참고할 것.

오르면 기록을 해둡니다. 그런 다음 다시 60~90분간 어려운 문제나 프로젝트에 돌입하죠.

아침에 일어나 가장 먼저 이메일에 답변하나요?

아닙니다. 그런 습관이 있었는데 제가 의식적으로 깨뜨렸습니다. 아침에 일어나 이메일부터 확인할 때는 다른 일들이 제 하루의 우선순위를 좌우했습니다. 집중하고 싶은 중요한 프로젝트는 나중 시간대로 밀려나고, 정신적인 에너지가 최고조인 소중한 시간을 이메일에 답변하는 데 쓰게 되더군요. 사실 이런 일은 몇 시간쯤 뒤에 처리해도 되는 일이었습니다.

수월한 아침을 보내기 위해 전날 밤에 하는 일이 있나요?

다음 날 일정을 적어둡니다. 일정을 세우면 정상 궤도를 지키면서 시간을 어떻게 보내고 있는지 의식하게 되거든요.

일어나서 얼마 만에 아침 식사를 하나요?

보통 저는 정신이 깨어난 다음에 뱃속이 준비됩니다. 일단 커피를 한 잔 마시고 일을 어느 정도 해놓은 뒤에야 자리를 잡고 앉아서 아침 식사를 할 수 있습니다. 대개 단백질과 지방이 풍부한 음식을 먹습니다. 베이컨을 아주 좋아합니다.

모닝루틴을 강화하는 데 활용하는 앱이나 제품이 있나요?

생활 속의 흔한 문제를 앱이나 소프트웨어 프로그램으로 해결하려고 하는 것을 그리 좋아하지는 않습니다. 계획을 세우고 규율을 지키는 옛날 방식의 기본적인 규칙만으로도 충분히 문제를 풀 수 있거든요. 규율을 지키지 못하는 사람이라면 앱이 있어도 소용없습니다.

이건 제 생각일 뿐입니다. 기술을 애호하는 분위기가 어느 정도 우리 사회에 스며들었습니다. 아이작 아시모프Isaac Asimov는 앱도 없이 어떻게 5백 권에 달하는 책을 저술할 수 있었을까요? 루틴을 세우고 이를 고수했기에 가능했습니다. 루틴이 습관으로 자리 잡으면 편안하고 자연스럽게 할 수 있습니다.

실패할 때는 어떻게 하나요?

내일 또 시도하죠. 전부 아니면 전무라는 식으로 생각하는 습관에 빠지지 말아야 합니다. 얼른 원래 궤도를 되찾으면 됩니다.

공부하는 모닝루틴

토드 헨리Todd Henry
《나를 뛰어넘는 법The Accidental Creative》 저자

어떤 모닝루틴을 갖고 있나요?

평일에는 정확히 아침 6시에 일어납니다. 전날 밤에 미리 맞춰 둔 커피를 컵에 따르고, 매일 같은 아침 식사를 준비해서 제가 공부하는 서재에서 먹습니다. 보통은 얼린 블루베리와 캐슈너트 한 줌을 곁들인 오트밀이죠.

아침 첫 시간은 공부와 글쓰기에 할애합니다. 책상 앞 또는 소파에 앉아 손에 펜을 들고 책을 읽습니다. 나중에 검토할 수 있도록 메모도 남기고 살펴본 내용을 적어두기도 합니다. 마지막 15~20분 정도는 침묵 속에 머무르면서 명상을 하거나, 방금 읽은 내용이 무엇이며 이를 삶과 일에 어떻게 적용할지 생각해봅니다. 가끔은 이 시간에 일기를 쓰기도 합니다.

이 루틴을 얼마나 지켜왔나요? 달라진 것은 없나요?

이 루틴을 따른 지 14년 됐습니다. 전에는 온갖 것을 모닝루틴에 채워 넣으려고 했어요. 실제로 해보니까 일어나서 제일 먼저 간단하게 한 시간 정도 공부하고 생각하는 것이 훨씬 잘 맞더라

고요. 두뇌를 움직여 그날 하루를 살아갈 관점을 얻는 게 유익하다는 것을 알게 됐죠. 지금은 그날 이루고 싶은 일을 "오늘 할 일"이라는 목록으로 적고 있습니다. 하지만 그중 일부는 오전 늦게나 점심을 먹으면서 완료합니다. 너무 서둘러 아침 시간을 보내고 싶지 않거든요.

수월한 아침을 보내기 위해 전날 밤에 하는 일이 있나요?

워크시트를 만들어 일정을 계획하고 실행하는 데 활용합니다. 이 워크시트에는 공부한 내용과 주요 업무를 기록하는 칸, 하루하루의 성과를 점검하는 칸이 있습니다. 일과에 대해 '좋았던 점', '나빴던 점', '배우는 중'이라고 평가하는 칸도 있습니다. 매일 밤 다음 날을 위한 계획을 세웁니다. 그러면 아침에 일어나서 일을 시작할 때 무엇을 해야 할지 정확히 알 수 있습니다.

아침에 해야 할 가장 중요한 일은 무엇인가요?

매일 아침 글을 씁니다. 하루도 빠짐없이 아침마다 글을 쓰죠. 저는 가장 중요한 창작 업무를 아침에 가장 먼저 해야 한다고 굳게 믿습니다.

나만의 루틴 만들기

아침 시간은 새로운 활력을 가장 많이 보유하고 있는 때다. 여러 성공한 사람들이 최대한 높은 집중력과 생산성을 고려해 아침의 첫 몇 시간을 제대로 활용하는 것은 당연한 일이다.

> "글쓰기, 설계하기, 그림 그리기 등 무엇을 하든 성공적인 하루를 일구는 출발점은 모닝루틴을 꾸준히 실천하는 것입니다."
> ― 엘르 루나Elle Luna, 예술가 겸 저술가

일러스트레이터 겸 저술가인 마스 도리안Mars Dorian은 이렇게 지적했다. "최근 몇 년 사이에 저의 모닝루틴은 더 촘촘하고 집중된 시간으로 발전했습니다. 나이가 들수록 시간을 허비하고 싶지 않더군요." 또한 신경과학자인 다리야 로즈Darya Rose 박사는 이렇게 말했다. "아침 시간은 남은 하루 동안 두뇌가 어떻게 기능할지 준비하는 때입니다. 이 일 저 일을 산만하게 오가며 방방 뛰어다닐 것입니까? 아니면 주의력을 발휘해 의도를 가지고 의식적으로 활동을 선택할 것입니까? 저는 후자를 훨씬 선호합니다. 이렇게 하면 훨씬 많은 일을 마칠 수 있고 성과도 좋습니다. 스트레스도 덜 받고 수동적으로 반응하는 일도 줄어듭니다. 저는 이런 점을 생각해서 아침 시간을 단순하고 명료하게 유지하려고 노력합니다."

물론 이렇게 주의력 높고 실속 있는 시간을 보내겠다는 생각에 가족에게 소홀해서는 안 된다. 자신에게 맞는 균형을 찾는 것이 중요하다. 집에 함께 있든 지구 반대편에 서로 떨어져 있든 가족과 소통하는 가운데 차분한 아침을 보내면 그날 하루 동안 더 효과적으로 일할 수 있는 원동력을 얻을 수 있다. 워싱턴주 법무장관인 밥 퍼거슨Bob Ferguson은 이렇게 말했다. "저는 아이들이 즐겁게 하루를 시작하기를 바랍니다. 회사에서는 쉽사리 회의가 길어지기도 하고 이런저런 일들도 생기기 때문에 그날 저녁에 아이들과 충분한 시간을 함께하리라는 보장이 없거든요. 아침 시간에 미리 그런 시간을 가져야 하는 거죠."

다음의 다섯 가지 팁을 시험해보고 하루가 얼마나 더 주의 깊고 실속 있게 시작되는지 살펴보자.

할 일 목록을 적고 그대로 실천하기

할 일 목록을 적어 실천하는 것은 전반적인 주의력과 생산성 향상을 돕는 최고의 방법이다. 하루를 마감하면서 내일 할 일을 종이나 온라인상에 적어서 다음 날 아침에 일하려고 자리에 앉는 순간 목록을 확인하자. 이에 관해서는 '저녁 루틴'을 다루는 장에서 자세히 설명한다.

이렇게 하면 의사결정 피로감[4]이 줄어드는 것을 발견할 것이다. 그날 무엇을 해야 할지 정확히 앎으로 사소한 일들 사이를 부산스럽게 오갈 일이 없기 때문이다. 할 일 목록을 만들면 다음 날 분명히 그 일들을 기억하고 실행하므로 뭐가 중요한 일인지 고민하지 않게 된다. 제레미 포겔 판사는 매일 아침 "내게 요구되는 수많은 일 중 무엇을 꼭 처리해야 하는지 살펴보고 이를 실행할 최선의 방법을 모색한다."라고 말했다.

할 일 목록은 하루 일을 전부 기록할 정도로 야심차게 작성하는 것이 바람직하다. 다만 과도한 내용을 담은 탓에 도무지 엄두가 나지 않아 손을 놓아버릴 정도로 부담스럽게 작성하지는 말라. 할 일 목록의 항목은 대략 5~6가지로 유지하기를 권한다. 손쉽게 처리할 수 있는 쉬운 일도 한두 개 끼워 넣자. 완료한 항목을 표시할 때의 기분은 결코 사소하지 않다. 하루에 세 가지 항목밖에 완료할 수 없다면 할 일 목록을 줄여도 좋다. 중요한 일을 한 가지만 적었더라도 여기에는 어떤 부족함도 없다.

---

[4] 의사결정 피로감Decision fatigue에 관해서는 101쪽에서 자세히 설명한다.

평일 하루를 보내는 동안 문득 새로운 일이 생각났다고 해보자. 바로 처리해야 할 긴급한 일이 아니라면 별도의 목록에 추가한다. 그 일의 성격답게 '새로 들어온' 일 목록에 추가한다. 그러고 나서 내일 할 일을 작성할 때, 오늘 마치지 못한 일과 더불어 새로 들어온 일 목록에 적힌 항목 몇 개를 가져와 적는다.

전날 밤에 할 일 목록을 미리 작성해두지 않았다고 해도 괜찮다. 오늘 일을 시작하기 전에 아침에라도 적길 바란다. 하지만 최대한 전날 밤에 작성하려고 노력하자. 그래야 다음 날 바로 행동에 들어갈 수 있다.

가장 중요한 일 먼저 실행하기

감시하는 사람이 없는데도 놀랄 정도로 자기절제에 능한 사람이 아니라면, 할 일 목록을 활용할 때 꼭 기억할 점이 있다. 목록에 적힌 항목 간의 우선순위를 설정하고, 우선순위를 수립했다면 가장 중요한 일을 먼저 해야 한다는 것이다.

한두 가지 꼭 처리해야 할 일을 알고 있으면서도 더 수월한 일부터 처리했던 경험이 있을 것이다. 우리는 이를 가리켜 '긍정적인 미루기'Positive procrastination라고 얘기하길 좋아한다. 이런 일이 잦지 않다면 분명 어느 정도는 장점도 있다. 하지만 할 일 목록을 제대로 활용하려면 반드시 가장 중요한 일부터 실행해야 한다.

어떤 일을 미루는지는 자신이 이미 알고 있다. 불쾌한 일일 때도 있지만 매우 즐거운 일도 때로는 뒷전으로 미뤄두기 십상이다. 주의력을 총동원해야 하는 개인적인 프로젝트 역시 그토록 원하는 일임에도 계속 미루는 일이 벌어지곤 한다. 조지타운 대학교 컴퓨터과학과의 부교수인 칼 뉴포트Cal Newport는 2016년에 출간한 그의 책《딥 워크Deep Work》에서 '딥 워크'를 가리켜 "산만함 없이 완전한 집중의 상태에서 자신의 인지 능력을 한계까지 밀어붙이는 전문 활동"이라고 정의했다. 그러면서 "이런 노력은 새로운 가치를 창출하고, 능력을 향상시키며 따라 하기 어렵다."라고 설명했다. 딥 워크와 상반되는 것이 피상적 작업Shallow work이다. 뉴포트의 설명에 따르면 피상적 작업이란, "지적 노력이 필요하지 않고, 종종 다른 곳에 정신을 팔면서 수행하는 부수적 작업으로, 피상적 작업은 새로운 가치를 많이 창출하지 않으며 따라 하기 쉬운" 일이다.

가장 중요한 일을 먼저 챙기자. 더 정확히 말해서 아침 시간은 머리를 쓰는 일에 투자하고 오후에는 사소한 일들을 처리하길 바란다.

일어나자마자 이메일 확인하지 않기

아침에 일어나자마자 이메일이나 소셜 미디어 계정을 확인하면 이른 아침의 생산성이 크게 저하된다.

일어나자마자 이메일을 확인하는 것은 하루를 시작하는 마당에 할 일부터 잔뜩 끌어들여 두뇌에 압박을 가하는 것이나 다름없다. 이는 자신의 필요사항이 아닌 다른 사람의 요구를 챙기는 것이므로 주도적으로 행동하는 것이 아니라 수동적으로 반응하는 셈이다. 기업인이자 저술가인 줄리엔 스미스Julien Smith는 "아침에 일어나서 제일 먼저 하는 것이 이메일 확인뿐이라면 제 인생이 싫어질 것 같습니다."라고 했다.

이메일과 소셜 미디어를 확인하지 않으면 자기 생각을 제어하기가 더 수월해진다. 조금 더 절제력을 높이고 싶다면 휴대전화에서 푸시 알람과 소셜 미디어 앱을 제거하라. 아니면 최소한 휴대전화 메인 화면에서 이런 아이콘(다른 업무용 앱 포함)을 다른 화면으로 옮겨서 앱 사용을 한층 번거롭게 만들자. 이도 저도 소용없다면 아침 시간 중 가장 생산적인 활동을 할 때만큼은 휴대전화를 다른 방에 두도록 하자.

"사실 이메일과 관련된 최악의 작업은 받은 이메일에 답변하는 것입니다. 답변을 보낼수록 더 많은 이메일이 돌아오기 때문입니다."
— 스콧 애덤스Scott Adams, 연재만화 〈딜버트Dilbert〉 창작자

이메일을 여는 순간, 반응 모드가 작동해 자기 일보다는 남의 사안에 주의를 기울이게 된다. 이는 직원으로 일하든 내 사업을

운영하든 마찬가지다. 상사를 제외하고 그 누구도 나와 그날 내게 주어진 일 사이에 끼어들지 않게 하자. 나머지는 남의 문제일 뿐이다.

직장 분위기가 얼마나 엄격한지를 고려해 이런 접근법에 유동성을 발휘할 수 있다. 아침에는 이메일을 더 적게 열어보되 중요한 일은 들어오는 대로 확인하는 것이다. 모르는 일이지만, 더 오래 기다렸다가 답변할수록 문제가 저절로 풀려 있을 가능성이 커진다. 소프트웨어 엔지니어 겸 다양성 옹호자인 트레이시 초우Tracy Chou는 이렇게 말했다. "아침에 제일 먼저 이메일을 확인하긴 하지만 한두 문장으로 짧게 답변할 수 있는 것만 열어봅니다." 이 상황에는 이렇게 행동하는 것이 최선이다.

수동적으로 반응하기보다는 주도적인 아침을 만들자. 내가 죽고 없더라도 이메일은 계속 들어올 테니 말이다.

아침 회의와 전화 연락 줄이기

회의 때문에 업무 시간을 많이 뺏긴다면 가급적 회의에 불참하겠다는 허락을 받으려고 노력하라. 회의장 밖에서도 열심히 일하겠다는 의지를 피력한다면 상사도 덜 중요한 회의는 불참하도록 허락할 가능성이 높다. 그렇게 장기적으로 더 많은 회의에 참석하지 않는 것을 목표로 삼자.

업무 성격과 자신의 직급에 따라 이를 실행할 가능성은 달라질 것이다. 그럼에도 아침 회의와 전화 연락은 최소로 유지할 것을 권한다.

"파라마운트Paramount 영화사 운영 시절에는 거의 매일 8시 반에 조찬 회의가 있었습니다. 파라마운트를 떠난 지 2년 만에 일일 조 찬 회의를 전부 없애버렸습니다."
— 셰리 랜싱Sherry Lansing, 할리우드 영화 스튜디오 사상 최초의 여성 대표

아침에 가장 능률이 오르는데 이 시간을 회의와 전화 통화에 쓴다는 것은 이치에 맞지 않는다. 더군다나 대체로 이런 회의 와 전화는 주의 깊은 태도나 능력이 필요치 않다. 따라서 회의 와 전화 연락은 오후에 진행하도록 노력하자. 저술가인 로라 밴 더캠Laura Vanderkam은 이렇게 말했다. "하루 일정을 제대로 계 획할 때면 오전 시간 상당 부분을 떼어 놓고 집중하는 시간으로 삼습니다. 전화 통화는 10시 반이 지나서야 시작하죠. 매번 이 계획을 따르지는 않지만 그래도 최대한 지키려고 노력합니다."

다른 사람의 요청에 어느 정도 경계를 설정할 수 있는 위치에 있다면, 점심 전 정오나 점심 후 1~2시가 회의나 전화 연락이 가능한 가장 이른 시간이라고 분명히 밝혀두라. 그리고 나서 이 렇게 설정한 경계를 잘 지킬 수 있도록 노력하라. 공유 캘린더 를 사용한다면 이 시간을 '부재'로 설정해 두는 것도 좋다. 예외

도 있겠지만 말 그대로 가장 이례적인 상황에서만 아침 시간을
허락하길 바란다.

큰 목표는 잘게 나누자

"어떻게 하면 코끼리를 먹을 수 있을까? 한 번에 한 입씩 먹으면
된다."라는 말을 들어본 적이 있을 것이다.

 크고 두려운 프로젝트에 과감하게 뛰어들어 단번에 자신의
목표대로 모든 것을 성취하기를 기대할 사람은 아무도 없다. 그
날 자신에게 맡겨진 여러 일이 불쑥 다가오기 전 아침에 이를
실행 가능한 작은 조각으로 나누어 하나씩 처리해보자. 잘게 나
눈 일들은 훨씬 쉽게 작업에 돌입해 완수할 수 있다.

뒤집어 생각하기

여기서 나올 만한 반대 의견은 분명하다. 최상의 노력을 기울였
는데도 아침에 실속을 챙기지 못한다면 어떻게 해야 할까?

 저술가인 크리스 길아보Chris Guillebeau의 말을 들어보자. "최
고의 루틴은 자신입니다. 저는 아침에 이메일을 확인하며, 운동
은 시간이 많이 지나서야 합니다. 모든 사람이 이와 반대되는
루틴을 선호한다면 그렇게 하면 됩니다. 내게 맞는 루틴은 다른
누구도 아닌 내가 정해야 합니다." 단, 자신에게 맞는 루틴을 찾
을 때는 두 눈을 크게 뜨고, 전혀 다른 방식도 시도해보겠다는

자세를 갖자. 모든 것은 1~2주 정도 충분히 시험해본 뒤에 반대되는 방법으로 넘어가고, 새로 탐색하는 방법도 그에 맞는 시간을 들이길 바란다.

늦은 오후 혹은 저녁에서 밤으로 넘어가는 시간에 가장 일이 잘된다면 앞서 제안한 팁과는 반대로 해보라. 이메일, 사소한 일, 행정 업무는 가장 능률이 저조한 오전에 처리함으로써 가장 생산적인 시간은 제일 중요한 일에 쓸 수 있도록 하는 것이다.

일 때문에 어쩔 수 없이 아침에 가장 먼저 이메일을 확인해야 하는가? 충분히 이해할 수 있다. 직장생활을 위태롭게 만들 제안은 하고 싶지 않다. 이 경우에 시도해볼 절충안이 있다. 아침에 출근하면 수신함에 들어온 이메일을 분류해 그날 처리할 일의 윤곽을 잡는다. 그리고 나서 가장 중요한 일에 몰두하되, 시급하거나 중요한 메일이 들어오면 바로 답변할 수 있도록 매 시간 수신함을 확인한다.

코치 겸 직장심리학 전문가인 멜로디 월딩Melody Wilding은 이렇게 말했다. "대다수 사람은 하루 중 특정 시간대에 더 높은 생산력을 발휘한다는 사실을 알고 있습니다. 중요한 것은 이 시간대가 언제인지를 알아내 자신의 일정에 적용하는 것입니다. 자신의 역량을 최고로 발휘할 수 있는 시간이 언제인지에 주의를 기울이기 바랍니다."

3장

아침 운동

아침 운동을 해야 할까?
아침에 꼭 해야 할까? 매일 해야 할까?

결국 아침 운동을
해낸 스티브

더 많이 운동하고, 몸에 좋은 음식을 더 많이 챙겨 먹고, 앉아 있는 시간을 줄여야 한다는 것쯤은 누구나 안다. 하지만 갑자기 아침마다 헬스장에서 두 시간씩 보낼 필요는 없다. 루틴은 짧고 쉽게 실행할 수 있어야 꾸준히 지킬 확률이 높다.

이번 장에서는 미국에 있을 때와 이라크, 아프가니스탄으로 파병을 나갔을 때 운동 루틴의 차이점에 관해 미 육군 총사령관인 스탠리 매크리스털Stanley McChrystal이 경험한 내용을 들어본다. 올림픽 메달리스트 레베카 소니Rebecca Soni는 아침에 즐기는 달리기, 수영, 패들보딩(Paddleboarding, 물 위에서 타지만 서핑보드와 달리 노를 젓는 수상 스포츠—옮긴이)에 관한 이야기를 들려준다. 한편 클리프 바 앤 컴퍼니Clif Bar & Company의 CEO 케빈 클리어리Kevin Cleary는 지난 19년간 자신의 주간 운동을 점검해온 이유에 대해 말해준다. 이들을 포함한 유명인 7인의 아침 운동 이야기를 들어보자.

세리 랜싱Sherry Lansing
前 20세기 폭스 사장, 파라마운트 픽처스 회장, 할리우드 영화 스튜디오 최초 여성 대표

어떤 모닝루틴을 갖고 있나요?

꼭두새벽부터 일어나야 할 일이 없다면 7시 반에서 늦어도 8시 사이에는 일어납니다. 곧장 사무실에 전화를 넣고 즉시 이메일을 확인합니다. 전날 밤에 완료되지 않은 일이나 할 일 목록에 남은 일들은 아침 식사를 하면서 처리합니다. 매일 아침 《뉴욕타임스》, 《로스앤젤레스타임스》, 《월스트리트저널》, 《파이낸셜타임스》 신문을 받아 보는데, 가능하면 운동하기 전에 아침 식사를 하면서 기사를 읽으려고 노력합니다. 남편과 저는 신문의 특정 부문을 누가 먼저 확인할지 도저히 결정할 수 없어서 아무래도 신문마다 2부씩 구독해야 한다고 우스갯소리를 하곤 해요.

운동은 주 4회 합니다. 월요일과 수요일에는 필라테스를 하고, 화요일과 목요일에는 50분간 러닝머신 위를 달린 뒤에 40분간 웨이트 운동을 합니다. 그동안 숱하게 운동을 빼먹었기 때문에 한 번도 빠뜨리지 않았다고 하면 거짓말일 것입니다. 최대한 그러지 않으려고 노력하죠.

일주일에 최소 한두 번은 이른 아침에 회의가 있는데 그럴 때는 필라테스나 다른 운동을 할 수가 없습니다. 제 모닝루틴에서 가장 개선하고 싶은 부분이 바로 운동에 더 높은 우선순위를 부과하는 것입니다. 누군가 "어쩌죠, 오전 9시밖에는 회의할 시간이 없네요."라고 말할 때마다 포기하고 운동을 놓치지 않도록 말입니다. 이 부분을 바꿔서 운동 시간을 하루 중 가장 중요한 일부로 만들려고 애쓰고 있습니다. 결국 자신을 위한 시간을 떼어 놓는 것이 관건입니다.

이 루틴을 얼마나 지켜왔나요? 달라진 것은 없나요?

지난 10년간 이 루틴을 지켜왔습니다. 파라마운트를 운영할 때는 거의 하루도 빠짐없이 오전 8시 반에 조찬 회의가 있었기 때문에 다른 모든 일은 한두 시간 전에 완료해야 했습니다. 6시~6시 반에 일어나서 러닝머신 운동이나 자전거 타기를 하면서 대본을 읽거나 이스트 코스트 쪽에 전화를 돌려 필요한 답변을 전달했습니다(그때만 해도 이메일이 그리 흔하지 않았습니다).

요새는 순수하게 재미를 위해서 읽는 일이 훨씬 많아졌습니다. 전에는 온종일 대본을 읽느라 바빠서 전혀 그러지 못했습니다.

아침에 해야 할 가장 중요한 일은 무엇인가요?

이메일에 답변하고, 신문을 읽고, 운동하는 것이 가장 중요하니다. 아침에 운동하면 정말 기분이 좋아지므로 이를 우선시하도록 더 노력해야 합니다. 운동하러 가기 전에는 아침에 본 모든 이메일에 답변하려고 합니다. 긴급하지 않은 사안에 대해서도 마찬가지죠. 모든 일을 완료하고 책상이 깨끗해지기 전까지는 명료한 정신으로 운동을 할 수가 없습니다. 늘 운동보다는 의무를 먼저 생각하는데 이런 생각이 크게 잘못됐다고 생각합니다. 매우 중요한 회의만큼이나 운동도 중요하게 생각할 줄 알아야 합니다.

실패할 때는 어떻게 하나요?

제 모닝루틴은 훌륭한 계획처럼 들리지만 사실 빼먹을 때가 많습니다. 지금 당장은 기분이 무척 좋습니다. 최근 2주 동안은 운동을 빠뜨리지 않았거든요.

트레이너도 아침 운동은 어렵다

질리언 마이클스Jillian Michaels
개인 트레이너, 방송인

어떤 모닝루틴을 갖고 있나요?

제 알람시계는 다섯 살 된 우리 아이입니다. 아침마다 안아달라며 6시 10분경이면 저를 흔들어 깨우죠. 그렇게 눈을 뜨면 우선 동물들에게 먹이를 줍니다. 토끼, 돼지, 개, 닭, 오리, 새들과 물고기까지 기르거든요. 네, 정말 이 모든 동물이 제 식구입니다.

그런 다음 커피를 마시고 온 가족이 아침 식사를 만듭니다. 식사를 하고 나면 아이들은 학교 갈 준비를 합니다. 저나 제 파트너 하이디가 아이들을 학교에 내려주고 그날 일을 시작하죠.

이 루틴을 얼마나 지켜왔나요? 달라진 것은 없나요?

3년쯤 됐습니다. 그동안 농장에 보금자리를 만들고 살아왔죠. 아이들도 챙겨야 하고 돌봐야 할 동물도 많다 보니 루틴이 확실히 고정되어 있어요. 아이들과 동물들을 우선 챙기죠.

아이들이 없었다면 잠에서 깨더라도 스누즈 버튼을 누르고 5분 명상을 한 뒤, 커피를 마시고 15분 정도 조간 뉴스를 확인하고 아침을 먹으며 이메일에 답하고 헬스장에 갔을 겁니다.

하지만 이런 생활은 적어도 앞으로 13년간은 불가능합니다.

수월한 아침을 보내기 위해 전날 밤에 하는 일이 있나요?

모든 걸 전날 준비합니다. 아이들 아침과 점심 도시락, 동물들 아침거리도 전부 준비하고 아이들 입을 옷도 다 펴둡니다.

운동 루틴을 자세히 설명해줄 수 있나요?

틈나는 시간마다 운동을 끼워 넣습니다. 어디서든 손쉽고 신속하게 운동할 수 있는 비법을 마련하는 것이 핵심입니다.

대다수 사람이 늘 시간에 쫓긴다는 사실을 알고는 앱을 하나 만들었습니다. 사람들은 훈련할 시간이라든지 삼시 세끼 식단을 계획할 수 있는 사치를 누리지 못합니다. 제가 만든 앱은 언제 어디서든 운동할 수 있도록 각자의 목표, 여유 시간대, 체력, 사용할 수 있는 운동기구를 토대로 맞춤식 운동을 제안합니다. 식단 계획도 간단하고 신속하게 준비할 만한 쉬운 레시피를 따를 수 있습니다. 아무리 바빠도 식사를 거르지 않도록 손에 들고 이동할 수 있도록요.

휴대전화는 언제 확인하나요?

침대를 벗어나자마자 확인합니다. 사업을 운영하고 있으므로 어쩔 수 없습니다. 무슨 문제가 일어나지는 않았는지 잘 알아야 합니다. 문제는 조기에 대응하는 게 중요하니까요.

의사결정 하는 직업이라면 운동은 아침에 하자

레베카 소니 Rebecca Soni
올림픽 금메달 3개를 목에 건 미국 수영선수

어떤 모닝루틴을 갖고 있나요?

새벽 5시 반쯤 일어나 심호흡을 몇 차례 하면서 정신을 깨웁니다. 물을 넉넉히 마시고, 옷을 입으면서 고양이, 강아지와 놀아주고는 서재에 가서 자리에 앉아 10분간 명상을 합니다.

대개는 운동과 함께 하루를 열죠. 달리기, 수영, 패들보드 타기, 요가 같은 운동을 합니다. 일하기 전에 전신을 움직이면 정말 기분이 좋거든요. 그리고 나서 간단하게 아침 식사와 커피를 즐깁니다. 휴대전화를 보거나 컴퓨터를 켜기 전에 아침을 먹으려고 노력합니다. 주로 과일을 가득 얹은 오트밀 한 그릇이죠.

이 루틴을 얼마나 지켜왔나요? 달라진 것은 없나요?

이 루틴을 따른 지는 몇 년 되었습니다. 때때로 루틴이 달라질 때도 있지만 일반적으로는 '일찍 일어나기, 중심과 균형 찾기, 운동하러 가기, 일 시작하기'라는 패턴을 유지해 왔습니다.

수월한 아침을 보내기 위해 전날 밤에 하는 일이 있나요?

자기 전에 다음 날 계획을 세웁니다. 재택 근무하는 사업가로서 매일 의사결정을 내려야 할 사소한 일들이 정말 많거든요. 전날 밤에 계획을 세워두면 다음 날 의사결정 피로감을 피하는 데 유익하다는 사실을 알게 됐죠. 일찍 운동을 나갈 때는 전날 밤에 미리 옷을 챙겨놓습니다.

아침에 가장 먼저 마시는 음료는 무엇이며 언제 마시나요?

물입니다. 침대에서 발을 내려놓기 전에 물부터 마십니다.

주말에도 이 루틴을 따르나요?

그렇습니다. 다만 주말에는 운동을 더 길게 하는 편입니다.

실패할 때는 어떻게 하나요?

실패한다고 생각지는 않습니다. 그저 매일 아침 최선을 다할 뿐이죠. 온종일 조금 흐트러진 느낌이 들 때도 있지만 오히려 이를 계기로 내일은 꼭 해내야겠다고 다짐합니다.

의사결정 피로감이란?

의사결정 피로감 Decision fatigue은 매일 부딪히는 무수히 많은 선택지로 인해 의사결정 능력이 저하되는 것을 의미한다.

자주 언급되는 예로, 평균적으로 판사들은 늦은 오후보다 이른 아침에 더 관대한 판결을 내린다. 존 티어니 John Tierney는 《뉴욕타임스》에 기고한 글에서 이스라엘의 한 가석방 심의 위원회에 관해 이렇게 설명했다. "이른 아침에 법정에 출석하는 죄수 중 전체의 70%는 가석방을 받는 반면, 오후 늦게 출석한 사람 중 가석방되는 사람은 전체의 10%도 되지 않는다." 뒤이어 티어니는, 피로한 판사의 입장에서 "더 수월한 결정은 가석방을 거부하는 것이다. 그래야 현재 상태를 유지해 가석방된 사람이 한바탕 범죄를 저지를 위험을 방지할 수 있을 뿐더러 더 많은 선택지를 고려할 수 있기 때문이다. 당장은 죄수를 감옥 안에 안전하게 묶어두는 편을 포기하지 않으면서도 향후 어느 시점에 그를 가석방할 가능성을 남겨둘 수 있다."라고 지적했다.

마트에서 계산대 주변에 스낵과 사탕을 비치하는 것도 같은 이유다. 이미 수십 번 사소한 결정을 내렸으므로 계산대에 도착할 즈음에는 의사결정 의지가 대폭 감소한다. 그 결과 줄 서서 기다리는 동안 초콜릿바 하나쯤 바구니에 던져 넣기란 일도 아니라는 것이다. 식료품 가게들은 기가 막히게 이런 사실을 알고 있다.

아침에 생기는 의사결정 피로감을 줄이는 전형적인 방법은 레베카처럼 전날 밤에 미리 다음 날 계획을 세우고, 일할 때 입을 '유니폼'을 정하는 것이다. 이는 스티브 잡스, 마크 저커버그, 버락 오바마 대통령 덕분에 유명해진 방법이다. 간단히 말해, 아침에 내리는 사소한 의사결정을 줄여 에너지를 아낄수록 그날 후반부에 뒤따르는 더 중요한 의사결정에 이를 사용할 수 있다.

운동선수의 아침 운동

캐롤린 버클Caroline Burckle
올림픽에서 동메달을 획득한 미국 수영선수

어떤 모닝루틴을 갖고 있나요?

5시 반경 일어나 에너지 바를 챙겨 운동하러 나갑니다. 대개는 수영, 웨이트 트레이닝, 러닝 인터벌 운동을 합니다. 6주 단위로 운동 계획을 세우는데 한 주 운동은 다음같이 진행됩니다.

[월] 장거리 수영과 유산소 운동 세트

[화] 엉덩이 근육 등을 분리시키는 데 집중하는 느린 근력 운동

[수] 러닝 인터벌(수 킬로미터를 descending 또는 tempo-minute 반복) 운동을 실시한 후 파워 클린, 플라이오메트릭 또는 밴드를 이용한 순발력 운동으로 구성되는 순발력-근력 운동

[목] 이때쯤 되면 두 다리가 많이 지쳐 있으므로 팔 동작이 많은 수영(기본적으로 몸을 회복하는 날)

[금] 별도의 근력 운동을 서서히 진행한 뒤 꾸준한 속도로 가뿐하게 8~10킬로미터의 짧은 둘레길 달리기

[토] 둘레길 걷기 또는 플랫주법으로 달리기(길고 부드럽게 실시)

[일] 스트레칭, 폼롤러를 이용한 바닥 운동 등(쉬는 날)

이 루틴을 얼마나 지켜왔나요? 달라진 것은 없나요?

이 루틴은 평생 해왔습니다! 수영을 해온 덕분에 젊은 시절부터 꼭두새벽이면 일어났죠. 일주일에 이틀은 오전 6시 반에서 7시까지 일부러 늦게 자려고 노력합니다.

알람에 맞춰 일어나나요?

네. 평일에는 그렇죠. 하지만 어차피 알람이 울리기 4분 전쯤에 체내시계가 먼저 저를 깨울 때가 많습니다.

일어나서 얼마 만에 아침 식사를 하나요?

운동하기 전에 에너지 바나 아몬드 버터를 먹습니다. 운동 후에는 스크램블로 만든 달걀 3개, 자몽 반 개, 그리고 맛있는 단백질 머핀을 하나 먹습니다.

아침 명상 루틴도 있나요?

몸을 움직이는 것이 저의 명상입니다. 정오 휴식 때는 제대로 된 명상이 더 유익한 것 같습니다. 워낙 아침에 움직이다 보니 점심을 먹으면 바로 몸이 처지거든요. 이때 10분간 '저만의 시간'을 가지면 몸과 마음을 새롭게 하는 데 도움이 됩니다.

파트너는 그런 루틴에 어떻게 맞춰 주나요?

제 남자친구는 이 부분에서 정말 훌륭한 사람입니다. 남자친구도 운동선수라서 둘 다 아침에 각자 운동을 챙기는 것은 식은 죽 먹기죠. 오히려 아침에 좀 더 늦게까지 자고 충분히 몸을 회복하도록 서로를 격려하는 데 더 큰 책임을 느낍니다.

밖에서 머물 때는 어떻게 하나요?

습관에 맞춰 살아가는 사람에게는 이 부분이 가장 힘듭니다. 그래도 저는 상황과 관계없이 밖에서도 저만의 루틴을 챙기는 법을 배웠습니다. 모닝루틴을 고려해 짐을 싸고 사전에 필요한 것을 준비하죠. 익숙한 환경을 최대한 그대로 가져오는 것도 좋지만, 그때그때 머무르는 곳에 적응하는 것도 중요합니다. 적응력을 익혀야 더 훌륭한 사람이자 운동선수죠!

실패할 때는 어떻게 하나요?

최근 몇 달간 진심으로 실패를 수용하는 법을 배우려고 노력했습니다. 실패의 영향을 받는 것은 제가 집착할 때뿐이라는 것을 알게 되었습니다. 끝없이 통제하려는 대상이 결국엔 도리어 저를 통제하게 됩니다.

아침 운동에도 목표를 설정하라

사라 캐틀린 펙Sarah Kathleen Peck
저술가 겸 장거리 수영선수

어떤 모닝루틴을 갖고 있나요?

요일에 따라 몇 가지 다른 유형의 모닝루틴이 있고 하루를 짜는 방식도 다릅니다. 일주일에 두세 번은 일어나서 수영장에 가거나 밖에 나가 달리기를 합니다.

패턴은 늘 비슷합니다. 일어나려는 때로부터 6~8시간 전에는 잠자리에 들려고 애쓰고, 알람은 새벽 5시 50분에서 6시 50분 사이에 울립니다. 기상 시간을 떠올릴 때 절대로 '다섯 시 몇 분'이라는 표현을 생각하지 않습니다. 항상 '6시 5분 전' 또는 '6시 15분' 전이라고 생각하죠.

알람이 울리면 자리에서 일어나 옆으로 몸을 돌려 휴대전화를 확인한 뒤, 일어나 앉아서 창밖을 내다봅니다. 이번 주 알람은 아침 6시 18분이었네요. 양치하고 화장실에 다녀온 뒤, 아보카도 하나와 바나나 반 개를 먹고, 물병을 가득 채웁니다. 수영장에 가기 전에 물을 넉넉히 마시려고 노력합니다. 보통 6시 50분경이면 수영장에 도착하죠. 2.7~4.5킬로미터를 수영하는 한 세트를 마치고 나면 8시 15분쯤 됩니다.

하지만 일주일에 적어도 이틀은 일부러 늦게까지 자려고 합니다. 겨울철에는 침팬지가 동면하듯 가만히 있기도 하죠. 때로는 밤 11시 정도에 잠들어 아침 8시 20분까지 침대에 머물러 있습니다.

일요일은 '달콤한' 날입니다. 외부에 머물거나, 큰 행사나 경주가 있는 날이 아니라면 원하는 만큼 침대에 머무릅니다. 쉼을 누리는 일요일에는 떠오르는 해를 바라보고 바깥의 차 소리를 듣고, 슬리퍼를 끌고 느긋하게 주방에 가서 커피를 한 잔 마십니다. 그러고는 침대에 앉아 뭐든 마음에 드는 것을 읽습니다. 《이코노미스트》지를 처음부터 끝까지 읽을 때도 있고, 관심은 있지만 잠시 미뤄 두었던 도시적인 패턴과 디자인 공부를 할 때도 있습니다. 아니면 친구들이 올린 트윗이나 게시물을 훑어보고 좋아하는 블로그에 올라온 글도 몇 개 읽어봅니다.

이 루틴을 얼마나 지켜왔나요? 달라진 것은 없나요?

지난 몇 년간 이 루틴을 지켜왔습니다. 대학교에 다닐 때는 오전 훈련을 위해 일주일에 네 번은 새벽 5시 29분에 일어났고, 주말에는 8시까지 수영장에 나갔습니다. 지금은 긍정적인 태도로 느긋하게 모닝루틴을 지킵니다. 크게 달라진 점은 없지만 대학 때만큼 혹독하지는 않죠.

몇 시에 잠자리에 드나요?

이것도 일종의 리듬입니다. 일주일에 두 번은 늦게까지 앉아 있는 것 같습니다. 업무 시간이 지나서야 발동이 걸려 시간 가는 줄 모르고 집필에 몰입할 때가 있거든요. 대개 금요일 밤이 그렇습니다. 외출을 많이 하는 편은 아닙니다(적어도 그러려고 노력하죠). 대학 시절부터 '금요일은 안에서, 토요일은 밖에서'라는 습관을 길렀습니다. 토요일 아침마다 오전 8시에 훈련이 있었기 때문이죠. 금요일은 5시간이라는 추가 시간이 생겨서 마음만 먹으면 창작을 할 수 있다는 것이 너무 좋습니다.

일어나서 얼마 만에 아침 식사를 하나요?

아침에는 빵 종류를 잘 소화하지 못합니다. 시리얼도 제게는 영 맞지 않더군요. 그래서 아침 식사로는 지방과 단백질이 풍부한 음식을 먹습니다. 제가 좋아하는 아침 메뉴는 아보카도, 케일, 달걀입니다. 저만의 히어로식 아침 메뉴를 먹으면 초능력이 생기는 느낌입니다.

　늦었거나 아침 운동을 하러 나갈 때는 단백질 바를 한 움큼 들고 갑니다. 양질의 단백질을 함유한 이 바에는 소량의 설탕이 들어 있고 탄수화물은 전혀 없습니다. 기본적으로 저는 천천히 소화되어 포만감이 오래가는 식품을 선택합니다.

아침 운동 루틴을 자세히 설명해줄 수 있나요?

제가 하는 운동은 더 큰 '세트' 혹은 구조를 갖춘 리듬의 일부일 때가 많습니다. 저는 계절별로 열리는 행사를 운동 목표로 삼아 거기에 집중하는 편입니다. 여름에는 야외 수영과 트레이닝을 하고 때때로 하프 마라톤이나 달리기를 목표로 훈련합니다. 다른 계절에는 댄스에 신경을 쓰죠. 3~4개월을 주기로 운동 목표를 세우길 좋아해서 계절에 따라 운동을 바꿉니다. 제 속에 아직 고등학교 운동선수가 들어 있나 봅니다. 가을, 봄, 여름 스포츠에 아직도 너무 익숙하고 지금도 그대로 따라가고 있습니다.

루틴을 따르지 못했을 때는 어떻게 하나요?

루틴에 실패하면 갈피를 못 잡을 수도 있지만 저는 그런 상황에 적응하는 법을 능숙하게 익혔습니다. 여기저기 오가는 일도 많았고, 잠을 충분히 못 잔다거나 예기치 않은 일이 터지는 경험도 많았죠. 이것이 인생인 것 같습니다. 늘 조금씩은 상황이 달라지고, 현실은 우리가 바라는 것보다 훨씬 예측하기 어렵더군요.

스탠리 매크리스털Stanley McChrystal
퇴역한 미국 육군 4성 장군

어떤 모닝루틴을 갖고 있나요?

그때그때 다르니 일반적인 루틴을 말씀드리겠습니다. 새벽 4시
정도에 깨어나 잠자리에서 나와 면도를 한 뒤에 약 1시간 반 정
도 운동을 하러 나갑니다. 집에 돌아오면 4~5분가량 샤워를 하
고 차분히 가라앉힌 뒤 사무실로 나갑니다.

이 루틴을 얼마나 지켜왔나요? 달라진 것은 없나요?

그저 달리기에만 집중하던 때가 있었습니다. 매일 아침 일어나
서 같은 거리를 달렸죠. 하루도 빼먹지 않았습니다. 조금은 터
무니없는 일이었죠. 나이가 드니까 운동을 바꾸는 편이 훨씬 낫
겠다는 생각이 들었습니다. 하루는 달리기를 하고 다음 날에는
웨이트 트레이닝을 하는 식으로요. 요일에 따라 운동 종목을 바
꾼 덕분에 전처럼 쉽게 다치지 않습니다.

　이라크와 아프가니스탄으로 파병되었을 때도 모닝루틴은 거
의 비슷했는데 때로는 루틴을 두 부분으로 나누어 진행했습니

다. 아침에 일어나서 1시간은 달리기 같은 운동을 하고, 마지막 일과로 다시 헬스장에 가서 크로스 트레이너(Cross trainer, 팔과 다리 운동을 동시에 할 수 있는 운동기구-옮긴이)를 34분간 하고 와서 잠자리에 들었습니다. 이라크에서는 밤새 근무를 하고 날이 밝아올 즈음인 오전 6시에 취침했습니다. 그때는 10시까지 자고 일어나 운동을 시작했습니다.

몇 시에 잠자리에 드나요?

말씀드리기 부끄럽지만 아마 저녁 8시 반에서 9시 사이일 것입니다. 어린이보다 이른 취침 시간을 생각하면 아내와 저 모두 웃음이 나와요. 저녁 7시 반에 잠자리에 든 적도 있습니다.

수월한 아침을 보내기 위해 전날 밤에 하는 일이 있나요?

저는 매우 체계적인 사람입니다. 아침에 일어나면 곧장 침실에서 나와 화장실로 걸어 들어가도록 생활을 맞춰놓죠. 런닝복도 미리 준비되어 있습니다. 런닝화를 올려두는 작은 선반을 챙겨둘 정도로 제게 필요한 것이 무엇인지 정확하게 알고 있습니다. 저는 항상 모든 물건을 제자리에 두려고 노력합니다. 운동하기 어려운 환경을 만들어 놓으면 운동을 안 하게 되거든요. 저항이 가장 적은 경로를 만들어야 하며, 행동을 안 하는 쪽보다 하는 편이 더 수월하게 해놓아야 합니다.

알람에 맞춰 일어나나요?

알람을 사용하긴 하지만 보통 알람이 울리기 전에 깨어나 알람을 끄곤 합니다.

일어나서 얼마 만에 아침 식사를 하나요?

운동하기 전에 뭔가를 먹거나 마시면 기분이 좋지 않습니다. 운동하고 돌아와서 물이나 차가운 음료를 마십니다. 일을 시작할 때는 커피를 마시죠. 하지만 저녁 식사 전까지는 아무것도 먹지 않습니다. 이따금 정오 즈음에 '뭔가를 먹고 싶다'라는 신호가 느껴지면 먹기도 하는데, 보통 때는 아무것도 먹지 않습니다. 그래야 기분이 더 좋거든요. 몸도 이런 생활에 적응해서 저녁 식사 전에 뭔가를 먹으면 좀 처지는 기분이 듭니다.

운동 루틴을 자세히 설명해줄 수 있나요?

매일 운동을 하되 달리기와 코어 운동을 바꿔가며 합니다. 쉬는 날은 없습니다. 달리기를 하는 날에는 아침에 일어나서 바로 1시간여 동안 뜁니다. 달리기를 하지 않는 날에는 팔굽혀펴기를 4세트 하고 나서 격렬한 코어 운동을 한 시간가량 지속합니다. 복부 운동도 많이 하죠. 두 차례 척추 수술을 했는데 복부 운동이 상당히 유용하다는 것을 알게 되었습니다.

　이렇게 운동하고 난 다음에는 헬스장에 가서 상체 운동을 합니다. 벽을 이용한 운동, 벤치 프레스, 턱걸이 같은 운동이죠. 좀 짧게 끝났다 싶으면 복부 운동과 약간의 요가로 보충합니다.

파트너는 그런 루틴에 어떻게 맞추나요?

제 아내도 운동을 많이 합니다. 아내는 제가 아침 6시에서 6시 반경 운동을 마치고 돌아올 때쯤 달리기를 하러 나갑니다. 달리기를 마치고 집에 돌아오면 바로 헬스장으로 나가죠. 둘 다 자신만의 루틴을 두고 이를 어기지 않습니다.

주말에도 이 루틴을 따르나요?

주말에는 부부가 같은 시간에 달리기를 하러 나가지만 절대 같이 뛰지는 않습니다. 각자 다른 경로를 택해서 달리고 집에서 세 블록 정도 떨어진 작은 베이글 커피숍에서 만나죠.

바로 옆집에 아들 부부와 어린 손녀 둘이 삽니다. 그래서 매주 토요일, 일요일에는 온 가족이 그 베이글 가게에 모입니다.

밖에서 머물 때는 어떻게 하나요?

저는 이동하는 일이 정말 많습니다. 때로는 목적지에 자정이나 그보다 더 늦은 시간에 도착할 때도 있죠. 하지만 루틴은 지키는 편입니다. 그런 날에는 고민 없이 잠을 줄입니다. 경험상 제 아침 루틴을 이루는 기본 요소를 잘 지킬수록 컨디션이 좋거든요. 루틴을 지켜온 지 대략 35~40년 되었네요.

루틴을 지키지 못할 때도 있나요?

제 루틴이 깨지는 것은 저의 통제력을 벗어나는 상황이 발생했을 때입니다. 이를테면 업무차 외부에 나가 있는데 클라이언트가 아침 6시 반에 조찬 회의를 원할 때가 있습니다. 그럴 때는 새벽 3시 반에 일어나 운동을 하고 그 여파를 감당합니다.

경험상 모닝루틴을 따르지 않으면 기분도 영향을 받습니다. 그러다 보니 운동할 시간을 확보하려고 시계를 보게 되죠. 특정 시간에는 특정 활동을 하도록 몸이 준비되어 있으므로 이를 실행하지 못하면 신체적으로 뭔가 잘못됐다는 느낌이 듭니다.

독자들이 모닝루틴에 시도하도록 군 생활 경험을
바탕으로 추천할 만한 것이 있을까요?

아시다시피 사람은 자기가 좋아하는 것을 하기 마련입니다. 육군사관학교에 처음 갔을 때 턱걸이를 시키는데 도저히 정해진 횟수를 못 채우겠더라고요. 지금은 이틀에 한 번 턱걸이를 합니다. 시금치를 먹는 것과 같은 거죠. 꼭 해야 할 일이 있다면 무조건 매일 또는 이틀에 한 번 시도해 보세요. 그러면 자연스럽게 습관으로 굳어지고 실력이 조금씩 늡니다. 장담합니다.

아침 운동은 무조건이다.
계획하고 실행하자.

케빈 클리어리 Kevin Cleary
클리프 바 앤 컴퍼니 Clif Bar & Company **CEO**

어떤 모닝루틴을 갖고 있나요?

저는 하루를 아침 6시에서 6시 반 사이에 시작하는데 항상 첫
단추는 운동입니다. 아홉 살 난 쌍둥이와 일곱 살배기 막내까지
세 아들이 있다보니, 아침이 아니면 운동할 수 없거든요.

이 루틴을 얼마나 지켜왔나요? 달라진 것은 없나요?

대략 8~9년 동안 이 루틴을 간헐적으로 지켜왔는데 최근 4~5년
간 더 적극적으로 따랐습니다. 그동안 좋은 몸 상태를 유지하는
데 필요한 모든 것을 실천하려고 온 신경을 기울였습니다. 아무
래도 나이가 많은 아빠다보니 더 주의를 기울이는 거죠.

　　루틴은 그때그때 하는 일에 따라 달라집니다. 철인 3종 경
기 '아이언맨 코나'에 참가했던 2016년에는 다양한 운동을 섞어
서 했습니다. 몇 년 전 〈아메리칸 닌자 워리어(American Ninja
Warrior, 스포츠 경연을 주 내용으로 하는 미국 예능 프로그램 ― 옮긴이)〉
출연 기회를 얻었을 때도 운동에 변화를 주었죠. 하지만 매일

아침 운동한다는 건 변하지 않았습니다.

수월한 아침을 보내기 위해 전날 밤에 하는 일이 있나요?

모든 일은 전날 밤에 계획해둡니다. 그러면 필요한 것들을 착착 준비할 수 있거든요. 자전거 타기와 달리기에 필요한 용품도 다 꺼내 놓습니다. 이렇게 하면 생각은 줄이고 어서 일어나 운동하러 가야겠다는 생각이 강해지거든요. 아침에 단백질 쉐이크를 마시기 때문에 전날 밤에 그 재료도 전부 준비합니다. 냉장고에 물이 있나 확인도 하고요. 부자연스럽긴 해도 효과는 좋습니다.

알람에 맞춰 일어나나요?

그저 일관성을 유지할 목적으로 알람을 사용합니다. 보통은 알람이 울리기 전에 일어납니다. 마지막으로 스누즈 버튼을 누른 때가 언제였는지 기억도 나지 않네요. 버튼을 누르고 나면 금세 '일어나자. 움직일 시간이야.' 하고 정신이 들기 시작합니다.

아침 운동 루틴을 자세히 설명해줄 수 있나요?

19년째 해오는 일이지만 매주 일요일이면 자리에 앉아 다음 주 운동 계획을 세웁니다. 그 주의 일정, 업무, 아이들 상황을 고려해 무엇을 할지 정하죠. 계획을 세울 때는 항상 어느 쪽에 집중해서 운동할지 정하려고 노력합니다. 그래야 다음 주 운동에 대한 저 자신의 기대치를 조절할 수 있거든요.

그리고 일주일에 두세 번은 직장까지 자전거를 타고 갑니다. 왕복으로 대략 72킬로미터 정도 되는 거리입니다.

아침에 해야 할 가장 중요한 일은 무엇인가요?

사무실에 도착하자마자 해야 할 가장 중요한 일은 비서를 통해 그날 업무를 점검하는 것입니다. 갑자기 임박한 새로운 일은 없는지 확인하고, 일정대로 진행해도 무난한지 점검합니다.

이 시간은 꼭 필요합니다. 비서와 소통하는 것은 중요한 일이거든요. 이 밖에 제가 주로 하는 일은 아내에게 전화를 걸어 아이들이 학교에 잘 갔는지, 아침 시간이 잘 넘어갔는지 확인하는 것입니다. 자전거로 출근하지 않는 날은 제가 아이들에게 아침을 만들어줄 때가 많습니다. 그러고는 출근해서 회사 주변을 걸으며 인근 사람들과 소통하려고 노력합니다.

루틴을 따르지 못할 때는 어떻게 하나요?

내일은 꼭 하겠다고 다짐합니다. 6개월쯤 지나면 하루쯤 루틴을 빼먹었다는 것을 저도, 제 몸도 모르겠죠?

나만의 루틴 만들기

운동은 내 몸에 베푸는 선행이며 미래의 건강에 투자하는 일이다. 신체적으로도 긍정적인 효과를 줄 뿐 아니라 일종의 명상처럼 아침마다 위안과 명료함을 더해주는 가치가 있다. 레노버Lenovo의 최고다양성책임자인 욜란다 코니어스Yolanda Conyers가 지적했듯이 운동은 "신체적 유익만큼이나 정신적 명료함에도 유익"하다.

일어나자마자 이런 신체적, 정신적 유익을 안겨주는 것이 아침 운동이다. 다른 것들과 마찬가지로 운동도 아침에 제일 먼저 실행하면 실제로 이를 지키겠다는 의욕이 생긴다.

> "월요일, 수요일, 금요일마다 헬스장에 갑니다. 목표는 무조건 가서 15분을 채우는 것입니다. 제게는 루틴을 고수하는 것보다 습관을 만드는 것 자체가 더 중요합니다."
>
> — 데이비드 카다비David Kadavy, 저술가 겸 팟캐스트 진행자

"일주일에 세 번 헬스장에 가서 폼롤러 운동, 스트레칭, 유산소 운동, 웨이트 트레이닝, 그 외 온 힘을 쏟아야 하는 운동을 하면서 한 시간을 꽉 채웁니다."

— 데스 트레이노르Des Traynor, 인터컴Intercom의 공동 설립자

수많은 연구는 아침 운동과 저녁 운동에 몇 가지 차이점이 있다고 결론지었다. 아침 식사 전에 운동을 하면 탄수화물보다 지방이 더 많이 연소되지만, 저녁 운동은 순수하게 근력을 훈련하는 데 더 효과적이다. 운동 루틴을 지키는 비결은 운동하는 사람이 가장 기분 좋고 편리한 때에 루틴을 실행하는 것이다.

아래 내용은 아침 운동 루틴을 설계하는 방법에 관해 힘겹게 얻은 틀림없는 팁이다.

운동에 변화 주기

운동 계획을 유연하게 세우자. 날마다 다른 운동을 하거나 지루해질 때마다 운동 종류를 과감히 바꾸자. 45년간 월가에서 일해 온 《저스트 무브!(Just Move!)》의 저자 제임스 P. 오웬James P. Owen은 이렇게 말했다. "나이가 들면서 몸을 회복하는 날이 더 중요하다는 것을 깨달았습니다. 그렇지만 저는 오랫동안 빈둥거리는 사람이 아니라서 혈액 순환을 위해서라도 30분간 밖에 나가 걷습니다. 그러고는 같은 날 30분간 스트레칭도 합니다."

스탠리 매크리스털도 비슷한 얘기를 들려주었다. "나이가 들면서 운동 방식을 바꾸는 편이 훨씬 낫다는 것을 알게 되었습니다. 하루는 달리기를 했다면 그다음 날엔 웨이트 트레이닝을 하는 식이죠. 그랬더니 쉽게 다치지 않더군요."

요일별로 서로 다른 신체 부위를 운동함으로써 근육이 회복할 시간을 벌고, 운동을 꾸준히 계속해 나가는 것도 좋지만 어쩌면 가장 중요한 건 운동에 대한 지루함을 몰아내는 일이다. 루틴 설계는 중요한 일이지만 단조로운 반복은 피하는 게 좋은 이유다.

운동은 짧고 간단하게

짧고 간단한 운동은 루틴을 만들 때 특히 중요하다. 페이스북의 제품 디자인 부사장인 줄리 주Julie Zhuo는 헬스장에 가서 분주하게 이것저것 하는 대신 아침마다 가장 먼저 10~15분간 일립티컬(Elliptical, 트레드밀, 사이클, 스테퍼가 혼합된 운동기구―옮긴이) 운동을 한다고 했다. 줄리는 "부담을 줄이려고 노력합니다. 이렇게 하면 운동이 마치 양치와 같은 활동이 되죠. 대단한 일이 아니라는 것입니다."

그저 체인에 기름을 바르듯, 혈액 순환을 돕고 온종일 최상의 컨디션에서 움직일 수 있도록 몸을 준비시킨다고 생각하면 된다. 팔굽혀펴기, 스쿼트, 체조, 아니면 침대 옆에 서서 스트레칭을 하는 것도 좋다. 한 가지만 기억하자. 완수하는 것이 완벽한 것보다 낫다.

그렇다면 다른 루틴에 간단한 운동을 더해보자. 이를테면 아침 커피가 내려지는 동안 요가 동작을 하거나, 화장실을 쓰려고 대기하면서 스쿼트를 하는 것이다.

"푸쉬업 전에 가벼운 요가 스트레칭을 합니다. 대단한 건 없습니다. 그저 호흡에 집중하면서 좋은 요가 루틴을 하나 하는 거죠. 적어도 5분 이상 이렇게 몸을 풀면서 생각을 가다듬습니다."

— 모건 잘던Morgan Jaldon, 마라톤 선수

미국 해군 특수부대 소속이었던 브랜든 웹Brandon Webb은 오후에 헬스장에 가서 실시하는 운동과는 별도로 아침마다 짧은 운동 루틴으로 요가 스트레칭과 함께 팔굽혀펴기와 크런치를 50개 실시한다고 말했다. 웹은 외부에 있어서 수영장, 헬스장, 요가 수업에 참여할 수 없는 경우에 이 운동을 한다고 했다.

이른 아침에 흘리는 땀방울과 이에 따르는 성취감 맛보기

대다수 사람은 아침 운동에 실패하면 아무리 마음을 다잡아도 그날 늦게 운동을 보충하기 어렵다. 일단 일과에 발동이 걸리고 나면 하던 일을 미루고 운동을 하기가 비현실적일 뿐 아니라 이는 무책임한 일이기도 하다.

"운동과 함께 하루를 시작하면 성취감이 들고 종일 좋은 기분과 에너지가 유지됩니다. 저의 비법 중 하나는 일어나자마자 런닝복으로 갈아입는 것입니다. 그러면 운동을 위한 기본 세팅이 준비되죠. 가족이나 저도 제가 운동하러 간다고 기대하게 됩니다."

— 제이크 냅Jake Knapp, 저술가 겸 디자이너

이른 아침에 흘리는 땀의 효과를 알게 되면 그날 무슨 일이 일어나든 또는 일어나지 않든 운동을 챙기게 된다. 이렇게 얻은 '승리감'은 남은 하루 내내 느끼게 된다.

UX 디자이너 겸 제품 전략가인 사라 두디Sarah Doody는 이렇게 표현했다. "'오늘 아침에 16킬로미터를 달리는 데도 성공했으니 저 일도 거뜬히 감당할 수 있어.'라고 생각합니다."

운동하지 않는 것은 선택지에서 제외하기

새 운동 루틴을 지킬 가장 쉬운 방법은 루틴을 어긴다는 선택지를 두지 않는 것이다. 전형적인 방어책은 전날 밤에 운동복을 꺼내 놓고 필요한 것을 전부 챙겨 만반의 준비를 하는 것이다.

운동할 거라고 말하면 서로 운동하도록 격려할 수 있는 책임 그룹 또는 파트너십을 만들어보라.

치약 스타트업 회사를 공동창업한 시몬 에네버Simon Enever는 이를 능수능란하게 해내는 주인공이다. 에네버는 이렇게 말했다. "팀 스포츠는 각 팀원이 운동을 빠뜨려 팀에 실망을 안겨주지 않으려고 노력한다는 점에서 유익합니다. 헬스장 운동이나 달리기처럼 혼자 하는 활동과 달리 팀 스포츠는 억지로라도 운동에 참여하게 만들죠. 그리고 나면 늘 운동을 즐기게 됩니다." 같은 맥락에서 내가 자신과의 약속을 지키도록 배우자가 격려하는 역할을 맡을 수도 있다.

모든 노력이 실패로 돌아간 경우, 개인 트레이너와 함께 운동하는 편을 고려해보자. 비싸도 후회 없는 투자가 될 수 있다. 트레이너는 정직함을 유지하게 하고 강하게 밀어붙여줄 것이다.

금전적 연결고리

책임 그룹은 사회적 연결고리인 동시에 약속을 소홀히 여기지 않고 반드시 지키도록 강제하는 심적인 의무를 부과한다. 책임 그룹과 같은 맥락에서 값비싼 회원제를 운영하는 헬스장에 다니는 것도 금전적 연결고리를 만드는 예다. 이런 헬스장에 가입하면 뼈아픈 금전적 손실을 피하기 위해서라도 자신이 하겠다고 결심한 것을 지키게 된다. 더욱 바람직한 것은 보증금을 지불해 자기 자리를 지키는 수업을 듣는 것이다. 그리 부담스럽지 않은 금액의 현금을 친구에게 맡겨두는 예도 자주 언급된다. 그렇게 해놓고 약속한 운동 계획을 실천하지 못하면 자기가 절대 기부하고 싶지 않거나 자기 이름이 엮이지 않길 바라는 일(가령 제일 싫어하는 정치인)에 기부해 달라고 부탁하면 된다.

자신에게 보상하기

이 보상은 운동하는 동안 줄 수도 있고 시간이 지나서 줄 수도 있다. 당장 운동 의지를 높여야 할 경우, 헬스장에 있는 동안 내용은 없어도 매우 재미있어서 보고 있으면 시간이 금방 지나가는 텔레비전 방송을 보상 삼아 시청한다. 자존심이 있는 성인이라도 이 시간만큼은 운동을 위해 그런 프로그램을 봐도 좋으니 요령껏 골라보자! 야외에서 운동한다면 대자연 속에 머무는 것이 보상이 될 것이다. 그렇다고 해서 시간이 지나 자신에게 다른 보상을 줄 수 없다고 생각지는 말자.

뒤집어 생각하기

운동 시간에 대해서는 다른 의견도 있을 것이다. 이 책을 위해 인터뷰한 성공한 사람의 78%가 아침운동을 하고 있었다, 그런데 이들은 각기 다른 시간에 운동 루틴을 실행했다. 그중 다수는 아침보다 오후나 이른 저녁 시간을 택했다. 빌 맥냅은 이렇게 지적했다. "운동은 제 일과의 중요한 일부이며, 저는 일주일에 서너 번 정오에 운동하려고 노력합니다."

오후 운동은 낮에 에너지를 높여주어서 남은 시간을 잘 보내게 해 준다.. 저녁 운동을 선호하는 사람에게는 운동이 하루를 마감하는 표지가 될 수도 있다. 아침에 창작 활동을 해야 가장 능률이 오르는 사람이라면 운동 루틴을 오후나 이른 저녁으로 미뤄도 무방하며 사실 이렇게 하기를 더 권한다. 언론인인 앤 프리드먼Ann Friedman은 이렇게 말했다. "아침은 제가 가장 좋은 정신력을 발휘할 수 있는 시간입니다. 아침에 운동하는 것은 집 필에 쓸 수 있는 최상의 시간을 낭비하는 느낌이 들죠."

4장

아침 명상

고요히 눈을 감으면 좋은 에너지가 모인다

눈 감고 입 닫고 앉아 있기만 했는데.
괜찮네, 명상!

명상에는 다양한 형태가 있는데, 앞으로 읽을 사례 중에는 명상 수행법 중에서도 가장 난도가 높은 것도 있다. 하지만 이런 이유만으로 이번 장을 건너뛰지는 않길 바란다. 아침마다 20분간 앉아서 명상한다는 것이 흥미롭게 들리지는 않을지라도, 일상 속에서 명상의 순간을 찾고 하루 동안 마음챙김의 순간을 쌓아감으로써 더 큰 에너지와 집중력과 차분함을 얻는 방법을 배울 수 있다.

명상이라고 부를 만한 것은 매우 다양하다. 주말에 외딴곳에서 쉬면서 가부좌(아무리 생각해도 유익한지 모를 때도 있는 자세)를 틀고 있는 것부터 찻주전자의 물이 끓을 때까지 끈기 있게 기다리는 것, 아침에 아이들과 놀아주는 것 등이 모두 명상이다. 다음은 명상의 가장 흔한 유형들이다.

- **가이드 명상**: 오늘날 전형적인 가이드 명상은 수행을 안내해주는

앱이나 오디오 프로그램을 이용하는 경우가 많다. 이 밖에 명상 수업이나 야외 프로그램에서 누군가가 순서에 따라 정신적 자극을 심어줌으로써 개인(혹은 그룹)의 명상 훈련을 이끌어나가는 유형도 있다.

- **마음챙김 명상**: 이 훈련에 필요한 것은 명상의 주체와 호흡뿐이다. '명상' 하면 떠오르는 흔한 이미지가 바로 이 유형이다. 마음챙김 명상을 하는 동안 정신이 흐트러지기 시작하면 부드럽게 이를 다독여 다시 호흡에 집중하도록 노력한다.
- **선(좌선) 명상**: 선불교Zen Buddhism 고유의 방법인 좌선은 대개 가부좌(또는 단순히 두 다리를 포갬) 자세에서 수련하는 명상이다. 이 명상은 자세를 중요하게 여긴다. 선불교의 선승들이 수행지에서 12시간 넘게 가부좌 자세를 유지하는 것은 드문 일이 아니다.
- **초월 명상**: TM이라고도 불리는 초월 명상Transcendental Meditation은 조용히 마음속으로 진언Mantra을 읊는 명상 유형이다. 한 번에 15~20분간, 하루 두 번 눈을 감고 마음속으로 진언을 되뇐다.

위빠사나Vipassana, 觀, 자애Metta, 기공Qigong, 자기 최면, 기도 등 수많은 명상 유형이 있고, 더 현대적인 개념의 명상에는 일기 쓰기, 달리기, 자연 속에서 걷기도 포함된다. 명상을 처음에는 진지하게 생각지 않고 순수한 호기심에서 새로운 경험을 해보려는 마음에 명상을 접하더라도 결국에는 전혀 다른 정신적인 영역에 접어들 것이다.

"다른 무엇도 할 시간이 없는 날에는 그저 기도와 명상을 합니다. 하루를 기분 좋게 시작하는 데 그것만큼 중요한 요소는 없거든요."

— 리사 니콜 벨Lisa Nicole Bell, 기업인

이번 장에서는 픽사와 월트 디즈니 애니메이션 스튜디오의 사장인 에드 캣멀Ed Catmull이 아침이면 호흡에 집중하는 이유를 들어보고, 저술가 겸 영화제작자이자 선불교 선승인 루스 오제키Ruth Ozeki가 16시간 동안 진행하는 명상 수행 프로그램에 대해 알아보며, 저술가이자 명상 강사인 수전 파이버Susan Piver가 아침에도 꿈속에 있는 듯한 정신을 유지하려고 사용하는 방법에 관해 들어본다. 이들을 포함한 6명의 유명인으로부터 아침 명상 시간을 갖는 이유에 대해 들어보도록 하자.

가만히 10분 앉아 있기

루스 오제키 Ruth Ozeki
소설가, 영화제작자, 선불교 선승

어떤 모닝루틴을 갖고 있나요?

흠 없이 완벽한 하나의 모닝루틴을 늘 찾고 있는데 안타깝게도 아직까지는 찾지 못했습니다. 몇 가지 루틴을 따르기는 하지만 늘 바뀝니다. 어디에서 무슨 역할을 맡아 어떤 일을 하는지에 따라 루틴도 달라지죠.

학기 중에는 교수로서 학교에 가서 수업을 지도합니다. 보통 7시쯤 일어나서 양치하고, 세수하고, 좌선하고, 커피를 내린 다음 한두 시간 정도 글을 쓰려고 노력합니다. 이 시간에는 학교 업무, 수업 계획, 과제물 검토, 학생들과의 만남, 강의 등에 주의를 쏟죠.

캐나다 데솔레이션 사운드의 외딴섬에 머물며 소설을 쓸 때는 8~9시경 일어나 양치하고, 세수하고, 좌선한 뒤 그날 나머지 시간은 주로 글을 쓰며 보냅니다. 때로는 제 남편 올리버가 침대로 커피를 가져다주는데 이때는 일기를 먼저 쓰고, 침실 창밖에서 사슴이 노란 꽃머리를 따먹는 모습을 바라보면서 빈둥거리다가 좌선을 한 뒤 소설 집필에 들어갑니다.

명상 수련장에서 선불교 선승 역할을 할 때는 새벽 4시 반에 일어나 양치하고 세수한 뒤 새벽 5시부터 밤 9시까지 좌선을 하고 잠자리에 듭니다. 때때로 약간의 집필을 할 때도 있습니다.

이 루틴을 얼마나 지켜왔나요? 달라진 것은 없나요?

스미스대학에서 강의를 시작한 지 2년밖에 되지 않아 교수로서의 루틴은 아직 새롭고 다듬어가는 중입니다. 다른 루틴들은 꽤 오랫동안 유지해 왔습니다.

항상 제 루틴을 살펴보면서 변화를 주고 있습니다. 저는 호손효과Hawthorne effect를 굳게 믿는 사람이거든요. 1958년에 처음 밝혀진 이 효과는 두 가지 매우 흥미로운 사회적 현상을 설명해줍니다. 첫째, 연구에 참여했던 전기 회사의 공장 노동자는 누군가 그들의 행동을 관찰하며 그 회사에서 연구를 진행하고 있다는 사실을 인지했을 뿐인데 작업성과가 높아졌습니다. 둘째, 작업 환경의 여러 변수 중 하나에 변화를 주자 새로운 환경이 일시적으로 생산성을 높였습니다. 이 경우 공장 작업장의 조명 수준에 변화를 주었지요. 다시 말해 구체적인 변화의 내용보다 변화 자체가 결정적인 요인이었다는 것입니다.

호손 효과는 다음의 세 가지를 제안합니다. 첫째, 루틴의 변화가 가져오는 새로움의 가치는 능률을 향상시킬 수 있습니다. 둘째, 안타깝게도 이렇게 높아진 생산성은 일시적입니다. 셋째,

그러므로 시시때때로 변화를 주는 것이 좋습니다.

저는 제 삶을 하나의 관찰 실험장으로 여기고 실험자와 피실험자의 역할을 다 해봅니다. 루틴을 세우고 특정 항목에 변화를 주고 저의 성과를 관찰하죠. 새로운 요소가 낡아졌다고 생각되면 같은 항목에 또 다른 변화를 가미합니다. 적어도 이렇게 하면 루틴을 흥미롭게 진행할 수 있습니다.

수월한 아침을 보내기 위해 전날 밤에 하는 일이 있나요?

때로는 잠들기 전에 작업 중인 소설이나 원고에서 한참 고민 중인 문제를 떠올린 뒤, 다음 날 아침에 일어나 침대에 누운 채로 이를 다시 생각해봅니다. 그러면 밤사이 뭔가 아이디어나 해법을 떠올리는 경우가 종종 있습니다.

알람에 맞춰 일어나나요?

특정 시간에 일어나야 할 때는 휴대전화 알람을 사용하고 스누즈 버튼을 누르지 않으려고 애씁니다. 하지만 때때로 유난히 재미있는 꿈을 꾸다가 잠에서 깨면 다시 돌아가 그 꿈을 마저 꾸려고 스누즈 버튼을 누릅니다. 물론 성공한 적은 거의 없지만 그렇게 해본다는 게 재밌거든요.

저는 좌선을 수행합니다. 올리버가 침대로 커피를 가져다주는 때를 빼고는 아침에 가장 먼저 명상하기를 좋아합니다. 분주한 일과에 말려들기 전에 자리에 앉기가 가장 쉽거든요. 30분간 앉아 있기를 좋아합니다. 할 일이 많을 때는 15~20분 정도만 앉아 있지만 아예 안 하는 것보다는 단 10분이라도 하는 게 낫죠.

커피를 마십니다. 전에는 일본 녹차인 센차煎茶, Sencha를 마셨는데 몇 년 전에 커피로 바꿨습니다. 올리버가 로스앤젤레스에서 돌아오면서 일본식 세라믹 필터를 가져왔는데, 그게 프렌치 프레스(French press, 뜨거운 물에 커피를 타서 차를 우리듯 물에 녹은 커피 성분을 뽑아내는 방식—옮긴이)나 밀리타(Melitta, 독일 커피 머신 브랜드—옮긴이)보다 좋다고 힘주어 말하더라고요. 말도 안 된다고 생각했는데 실제로 블라인드 테스트를 했더니 올리버 말이 백번 맞았습니다. 올리버는 원뿔형으로 된 뾰족한 필터 모양과 필터 받침 안쪽의 나선형 모양이 기가 막히다며 장황하게 설명했는데 자세한 내용은 잊어버렸네요. 올리버는 우리가 베를린 거리에서 구입한 옛날식 독일산 버 그라인더burr grinder로 원두를 직접 갈아서 커피를 준비합니다. 나무 상자 윗부분에 손잡이가 달려 있고, 아래로는 커피 가루를 담는 작은 통이 있습니다. 커피

맛이 아주 좋습니다. 항상 올리버가 갈아줄 때 더 맛있더라고요.

파트너는 그런 루틴에 어떻게 맞춰 주나요?

서로 커피를 만들어줄 때도 있고 함께 아침 식사를 할 때도 있습니다. 올리버가 아침에 가장 먼저 라디오를 즐겨 듣는다는 것을 알았지만 저는 그러지 않았거든요. 저는 글을 쓸 때 꿈꾸는 수면 상태에서 일어나 좌선을 하고 바로 집필에 들어가길 좋아합니다. 마음 놓고 세상을 접하기까지 몇 시간은 족히 걸리죠. 올리버는 여기에 맞춰서 지금은 라디오 대신 뉴스를 읽습니다.

밖에서 머물 때는 어떻게 하나요?

저는 절대로 물리적인 거처 한 곳에 정착하지 않습니다. 이에 따라 제가 머무는 모든 환경에 맞도록 끊임없이 루틴을 조정하죠. 미국의 매사추세츠와 뉴욕시, 캐나다의 브리티시컬럼비아, 아니면 세계 여러 곳의 호텔에 머물 때도 있습니다. 좌선이 큰 도움이 됩니다. 어디 가든 꾸준히 지키는 루틴은 좌선이 유일합니다. 앉아서 명상할 수만 있다면 집과 같이 편안한 기분이 들거든요.

실패할 때는 어떻게 하나요?

다음 날 또 시도해보는 거죠. 계속해서 잠자리에서 일어나기만 한다면야 결코 실패한 것은 아닐 테니 말입니다.

머릿속에 떠오르는 일을
회피 말고 직면 하면은

에드 캣멀Ed Catmull
픽사, 월트 디즈니 애니메이션 스튜디오 사장

어떤 모닝루틴을 갖고 있나요?

일어나서 아래층에 내려가 커피를 한 잔 만들기 시작합니다. 에스프레소 샷을 세 번 내리고, 여기에 코코아 가루 세 테이블스푼과 감미료 두 테이블스푼을 섞어 마시죠. 이렇게 하면 두뇌 회전에 더 도움이 된다고 하더군요. 실제로 그런지는 모르겠지만 맛은 좋습니다.

커피를 마시면서 우선 이메일을 확인한 다음 뉴스를 읽습니다. 《뉴욕타임스》, 《월스트리트저널》, 《샌프란시스코 크로니클》 이렇게 세 가지 신문을 읽습니다. 그런 다음 뉴스 수집기News aggregator도 하나 확인합니다. 전에는 이를 사용하지 않았는데 오늘날 펼쳐지는 혼란스러운 공공 담론은 너무 심각해서 외면할 수가 없거든요.

이 루틴을 얼마나 지켜왔나요? 달라진 것은 없나요?

이 루틴은 꽤 오랫동안 지켜왔습니다. 변한 것이 있다면 일과가 더 빡빡해졌다는 것입니다. 그러다 보니 오전 운동 일정과 부딪칠 때가 더 많아졌습니다.

알람에 맞춰 일어나나요?

알람은 5시 45분~6시 15분 사이로 맞춰둡니다. 저는 점진적으로 소리가 변하는 알람을 씁니다. 처음에는 부드러운 소리가 들리지만 점점 그 소리가 커지죠. 대개는 첫 번째 소리에 일어나기 때문에 아내에게도 방해가 되지 않습니다. 요란한 소리를 내는 알람을 쓸 때는 얼른 끄고 다시 잠에 빠져들 때가 더 많았습니다.

일어나서 얼마 만에 아침 식사를 하나요?

아침 식사로는 주로 스무디나 시리얼을 먹습니다. 저는 우유 단백질을 소화하지 못하기 때문에 제가 마시는 스무디는 대개 아몬드 우유에 식물 단백질 가루, 얼린 베리 약간, 아몬드 버터 한 덩이를 섞어 만든 것입니다.

아침 운동 루틴도 있나요?

일주일에 세 번은 헬스장에 가서 운동합니다. 매번 운동 종목은 달라지지만 웨이트 트레이닝에 속하는 서킷 운동은 꼭 합니다. 이런 운동은 심박수를 높이면서도 무릎에 큰 무리를 주지 않아 좋습니다. 무슨 이유에서인지 저는 다른 신체 부위보다 무릎이 더 나이를 먹은 것 같아서요.

제가 사는 샌프란시스코에는 언덕이 아주 많습니다. 그 언덕을 걸어 내려왔다가 뛰어 올라가는 것을 좋아하는데, 이때 무릎에 부담을 줄이기 위해 발바닥 윗부분이 지면에 먼저 닿도록 합니다. 하루빨리 무릎의 반월판을 대신할 보조기구가 나왔으면 합니다. 반월판은 넓적다리뼈와 정강이뼈 사이에서 완충 역할을 하는 연골이에요. 단순해 보이면서도 예쁜 모양을 지닌 디스크입니다. 의학자들이 반월판에 견줄 만한 물질을 개발해낼 거라고 생각하실 텐데요. 부디 제가 무릎 관절을 치환하는 수술을 받거나 죽기 전에 그 물질이 나왔으면 합니다.

아침 명상은 어떤가요?

저는 아침마다 30~60분간 명상한 뒤에 운동에 들어갑니다. 벌써 수년째 하루도 거르지 않았네요. 늘 하는 명상은 호흡에 집중하는 것과 같은 위빠사나 명상입니다. 그동안 머릿속에서 울려대는 목소리들을 잠재우는 간단하지만 까다로운 방법을 배운 덕분에 어마어마한 유익을 얻었습니다. 그 목소리가 곧 저 자신이 아니며, 과거 일을 계속 떠올리거나 미래 일을 과하게 생각할 필요가 없다는 것을 배우게 되었죠. 이런 요령을 익히자 예기치 않은 사건이 터졌을 때 얼른 반응하기 전에 주의를 모으고 잠시 멈추는 데 매우 유익했습니다.

하지만 호흡에 집중하고 있어도 때로는 어떤 아이디어가 문득 떠올라 계속 맴돈다는 것을 인정할 수밖에 없겠네요. 이런 생각에 매달리면 명상이 흐트러집니다. 그럴 때는 얼른 수첩에 적어놓고 털어버립니다. 이 말 자체가 흥미를 끌죠.

실패할 때는 어떻게 하나요?

저는 절대 명상을 건너뛰지 않습니다. 일찍 집을 나서야 할 때는 명상 시간을 좀 줄이긴 하죠. 운동을 하지 않으면 불쾌해지기 시작하는데, 다행히 저는 자신을 잘 추슬러 일정을 충실히 지키는 데 능숙합니다.

아이스테 가즈더Aiste Gazdar
런던 코벤트 가든의 와일드 푸드 카페 Wild Food Cafe **창업자**

어떤 모닝루틴을 갖고 있나요?

기상 시간은 4~6시 사이인데 주로 5시쯤 일어납니다. 예비로 알람시계를 사용하지만 보통은 알람이 울리기 직전에 잠에서 깹니다. 완전히 정신을 차리고 잠자리를 벗어나기 전의 순간이 제게는 매우 중요한데요. '이제 정신이 들었어.'라며 속으로 말하면 이 메시지가 몸뿐만 아니라 저의 정신적, 정서적, 영적인 수준에까지 미칩니다. 그 상태에서 머리부터 발끝까지 온몸을 쭉 펴고 심호흡을 한 뒤에야 자리에서 일어나죠.

화장실에 가서는 찬물로 씻으며 제 모든 감각이 완전히 깨어나 정돈되게 합니다. 그러고는 마야 요가Mayan yoga라고 불리는 동작과 함께 운동 루틴에 들어갑니다. 마야 요가는 남아메리카 원주민들이 실행했던 고전적인 요가 방식으로서, 의식을 기울여 몸을 늘리고 움직이면서 마음과 정신을 자극하며 우리 안의 에너지가 조화롭게 움직이게 만드는 것을 목표로 합니다. 부드러운 스트레칭과 몇 가지 격렬한 동작을 섞어서 한 뒤에 차분히 몸을 가라앉힙니다. 그다음 일련의 태양경배 자세를 취한 뒤 짧은 명상과 기도로 마무리합니다.

서둘러 나가지 않는 날은 아침 8~9시까지 아무거나 공부하되 사업과 무관한 것을 봅니다. 제가 정말 흥미롭게 여기는 주제지만 다른 때 같으면 절대 배울 시간을 낼 수 없는 주제들 말이죠. 악기 배우기, 비문학 도서 읽기, 천문학 공부하기, 자연 속으로 산책가기 같은 활동을 하며 이 시간을 보냅니다.

이 루틴을 얼마나 지켜왔나요? 달라진 것은 없나요?

용기와 절제와 몰입을 기울여 이 루틴을 따르기까지 참으로 오랜 시간이 걸렸지만, 덕분에 삶이 확 바뀌었습니다.

전에는 아침에 일어나기가 그렇게 힘들었습니다. 아침에 일찍 일어나면 저의 의무와 학교, 제 어깨를 짓누르는 임무와 컨베이어 벨트처럼 흘러가는 제 이력, 그 밖에 털끝만큼도 저의 관심을 끌지 못하는 모든 일을 해야 한다는 생각 때문이었죠. 저는 의도적으로 제 삶에 손을 썼습니다. 일찍 일어나서 완수해야 할 임무가 없도록 만든 겁니다. 몇 개월 전에 변화가 필요하다는 생각을 심각하게 했거든요. 그리고 아침에 일찍 일어나는 것은 자신에게 매우 중요한 메시지를 던지는 것이라는 점을 깨달았죠. 엉뚱하게 들릴 수도 있지만, 아침에 일찍 일어난다는 건 우주를 향해 이렇게 말하는 것입니다. "자, 여기 내가 있어. 날카로운 정신으로 또렷하게 깨어 있고 첫 아침 햇살을 받아 모든 준비를 갖췄어." 이른 아침부터 명료한 의식을 갖추면 어마어마한 힘, 능력, 명료함, 활기, 중심 잡힌 의식, 주의력을 얻을 수 있습니다. 저녁에는 도저히 이런 것들을 얻을 수 없죠.

세심한 주의를 기울여 저만의 아침 시간을 가졌더니 스트레스 수치가 크게 낮아지고, 업무 수행력이 꾸준히 향상되며, 명료함을 갖추고 필요한 행동을 취하는 데 큰 도움이 되었습니다.

아침 명상 루틴도 있나요?

아침 명상은 저의 하루 중 가장 중요한 부분일 겁니다. 이를테면 하루를 앞두고 '침대를 정돈하는' 일과 같은 거죠. 어떤 일 때문에 안팎으로 끙끙 앓고 있을 때도 명상을 하면 일체의 생각이나 행동 없이도 의식의 다른 측면에서 사태를 해결할 기회를 얻습니다. 그 비결은 제 존재가 지니는 광대함, 깊이, 풍부함을 극도로 인식하는 데 있습니다. 일단 그 상태에 들어가면 모든 것이 제자리를 찾아갑니다. 뭐가 뭔지 미처 파악하지 못했는데도 말이죠.

다리야 로즈 Darya Rose
신경과학 박사, 《푸디스트 Foodist**》 저자**

어떤 모닝루틴을 갖고 있나요?

저는 정말 운 좋게도 집에 사무실이 있어 통근할 필요가 없습니다. 보통 때는 알람 없이 아침 햇살과 함께 눈뜰 때가 많습니다. 아침 식사로는 커피, 계피를 넣은 따뜻한 뮤즐리(Muesli, 생곡물, 말린 과일, 견과, 씨앗 등을 혼합한 시리얼―옮긴이), 감미료를 넣지 않은 헴프 밀크(Hemp milk, 대마 씨앗으로 만든 우유―옮긴이)를 먹습니다. 되도록 아침 식사 후 이메일을 확인하기 전에 30분간 명상하기를 좋아합니다. 이메일은 은근슬쩍 삶 속에 파고들어 모든 일에 스트레스를 얹어주는 것들 가운데 하나입니다. 저는 실제로 행동을 취할 수 있기 전에는 이메일을 확인하는 것이 아무 소용없다는 사실을 깨달았습니다. 예를 들어 휴대전화로는 아주 중요한 문서는 확인하거나 전송하기 어려우므로 컴퓨터 앞에 앉기까지 기다립니다. 당장 처리하지 못하는 이메일을 보노라면 정신이 그리로 쏠리기 시작해 실제로 행동에 나서기 전까지 내내 그 문제를 끌어안고 있게 됩니다. 이를 직관적으로 알고 있긴 했지만 명상을 시작해보니 훨씬 분명하게 느낄 수 있었습니다.

명상할 때는 호흡과 같이 단순한 일 하나에만 주의를 기울이려고 노력합니다. 다른 생각들이 비집고 들어올 때는 이를 인식하고 흘려보냅니다. 명상하기 전에 이메일을 확인했을 때는 호흡에 집중하기가 훨씬 힘들다는 것을 알게 되었습니다. 수신함을 열어보고 할 일들을 확인하고 나면 온갖 생각들이 방해 공작을 펴기 시작하기 때문이죠. 이를 깨달은 이후로는 우선 정신을 가다듬고 중심을 잡은 다음에 이메일을 공략하는 것이 훨씬 낫다는 것을 알게 되었습니다.

이 루틴을 얼마나 지켜왔나요? 달라진 것은 없나요?

명상을 꼬박꼬박 지켜온 지는 이제 4~5개월 되었습니다. 명상은 집중력과 전반적인 안녕감에 어마어마한 영향을 미쳤습니다. 명상 덕분에 전보다 덜 소진되는 느낌입니다.

아침은 그날 하루 동안 두뇌가 어떻게 움직일지 방향을 잡아주는 중요한 시간입니다. 주의가 산만하고 이 일 저 일 사이를 분주하게 뛰어다닐 것입니까? 아니면 주의력을 챙겨 목적을 가지고 의식적으로 활동을 선택할 것입니까? 저는 후자를 훨씬 더 선호합니다. 그렇게 하면 더 많은 일을 처리하고 성과도 더 좋습니다. 지금 저는 스트레스도 덜 받고, 자극에 반발하는 경향도 줄었습니다. 이를 생각해 너저분하지 않고 단순한 아침을 유지하기 위해 필요한 일을 합니다. 다른 일을 하기 전에 커피를 마시고, 아침 식사를 한 뒤 명상을 하는 것입니다.

특정 앱이나 제품을 활용해서 모닝루틴을 강화하나요?
아니오. 저는 옛날 방식대로 아침 시간을 보내기를 좋아합니다. 제 삶의 습관과 루틴을 설계하는 데 주의를 기울이죠. 그렇게 하는 이유는 습관의 힘이 워낙 강력해서 크나큰 생각이나 의지력이 없이도 중요한 일을 자동으로 처리하게 되기 때문입니다. 이런 상태를 이루기 위해 외부적인 제품과 앱에 덜 의존할수록 강력한 습관을 만드는 데 성공할 확률이 더 높습니다.

마음이 자유롭게 배회하고
공상하는 시간의 힘

마이클 액턴 스미스Michael Acton Smith
명상 앱 캄 Calm **CEO**

어떤 모닝루틴을 갖고 있나요?

7시 반에 일어나지만 대개는 잠시 멍한 상태로 빈둥거리면서 제가 누구이며 오늘이 무슨 요일인지 생각합니다. 안개가 끼지 않은 샌프란시스코의 아침을 즐기는 날에는 차를 한 잔 타서 거실에 앉아 해안가 저 멀리 떠오르는 해를 바라봅니다. 그런 뒤에 보통은 물을 한 잔 마신 후 기운이 넘친다면 헬스장으로 향합니다.

헬스장에서 돌아오면 샤워한 후, 뉴스 브리핑을 들으며 옷을 차려입고 카페에 들러 직장까지 걸어갑니다. 카페에 한 시간가량 머물며 영국으로 필요한 전화를 돌리고, 그날 할 일을 기록하고, 뉴스를 읽고, 받은 메시지에 답변합니다. 저는 아침에 카페에서 일하는 것을 적극 찬성하는 사람입니다. 집과 사무실 사이에 어떤 공간을 가진다는 것이 매우 가치 있다고 보거든요. 소음과 갖가지 방해 요인이 가득한 사무실에 들어가기 전에 그 공간에 머무르며 하루 일을 계획하고 생각할 기회를 가질 수 있

145 ·············· 4장. 아침 명상

기 때문입니다. 일할 때는 몰입의 상태에 들어가길 좋아하는데, 카페는 그런 상태를 누리게 하는 최적의 장소가 아닌가 생각됩니다.

이 루틴을 얼마나 지켜왔나요? 달라진 것은 없나요?

샌프란시스코로 이사 온 뒤부터 일 년 반가량 이 루틴을 지켜왔습니다. 런던에 살 때보다 훨씬 단순하고 체계가 잡힌 루틴입니다. 런던에 있을 때는 소호부터 쇼디치까지 통근하기가 무척 까다로웠습니다. 그러니 지하철에서 정신을 똑바로 차리려고 애쓰는 것밖에는 아침 시간을 제대로 계획하기가 어려웠습니다.

수월한 아침을 보내기 위해 전날 밤에 하는 일이 있나요?

휴대전화를 비행기 모드로 바꾸고 충전기에 꽂은 뒤에 침대 옆 바닥에 뒤집어 놓습니다. 대부분 잠들기 전에는 독서를 합니다. 독서만큼 긴장을 풀고 느긋한 상태를 만드는 데 좋은 건 없는 것 같습니다. 열 번 중 아홉 번은 비문학 서적을 읽습니다.

아침 명상 루틴도 있나요?

예상하시겠지만 캄(Calm, 스미스가 운영하는 명상 앱—옮긴이)을 사용합니다! 캄 본부에서는 매일 그룹 명상으로 하루 업무를 시작합니다. 우리는 데일리 캄Daily Calm을 함께합니다. 매일 다른 주제로 실시하는 10분 명상 프로그램이죠. 유별나고 매우 '캘리포니아' 같은(캘리포니아에 사는 사람들은 미국 내 다른 지역보다 여유를 갖고 자기 관리, 명상 등에 큰 관심을 두며 건강한 생활방식을 추구하는 것을 의미함. —옮긴이) 소리겠지만 함께 일하는 사람들과 하루를 연다는 건 정말 기분 좋은 일입니다.

하루를 마감하는 저녁 시간에 스트레스에 눌려 있고 도무지 마음이 진정되지 않는다면, 올베룸Olverum 오일을 넣은 물에 목욕을 합니다. 주말에는 주로 집의 거실에서 명상을 하며 하루를 시작하고, 때로는 골든 게이트 파크에 나가서 아침 햇살을 받으며 명상을 합니다. 명상하는 법을 익히면서 수면의 질이 눈에 띄게 좋아졌습니다. 명상을 하면 갖가지 생각이 휘몰아치며 기세를 부릴 때 스위치를 끄기가 훨씬 쉽거든요. 최근 캄에서는 성인들에게 잠자리 동화를 들려주는 '잠이 솔솔 오는 이야기Sleep Stories'라는 프로그램을 출시했습니다. 이런 이야기들은 단순하면서도 사람들이 긴장을 풀고 잠드는 데 매우 유용합니다.

아침에 가장 먼저 이메일에 답변하나요?

급한 일이 있거나 중요한 서비스 출시를 앞둔 때가 아니라면, 집에서 나와 카페에서 자리를 잡기 전까지 휴대전화를 확인하지 않으려고 노력합니다.

대다수 사람은 잠자리에서 나오기도 전에 소셜 미디어와 이메일을 열어보는데, 제가 보기에 이는 해로운 방식으로 하루를 여는 것입니다. 아침에는 도파민 수치를 급격히 올리는 미친 듯한 온라인 세상에 노출되기 전에 마음이 자유롭게 배회하며 공상을 즐기는 것이 중요하다고 생각합니다. 저는 샤워를 하거나 출근 준비를 할 때 가장 창의적인 아이디어를 떠올리곤 합니다. 이와 달리 온라인에서 뭔가 슬프고 부정적인 소식을 읽는다면 마음이 훨씬 덜 생산적인 쪽으로 달아나버릴 것입니다!

실패할 때는 어떻게 하나요?

걱정하지 않습니다. 아침 시간이 중요한 것은 그날 하루를 앞두고 자신을 정비할 수 있기 때문입니다. 지나치게 엄격하거나 빡빡한 태도를 고수한다면 재미가 사라져 인생이 몹시 지루해질 것입니다. 대부분의 인생사가 그렇듯이 균형을 지키기 위해 끊임없이 노력하면서 때때로 변화를 주는 것이 중요하겠죠.

수전 파이버Susan Piver
《지금 여기서 시작하기Start Here Now》 저자, 명상 강사

어떤 모닝루틴을 갖고 있나요?

새벽 4시 반~5시 반에 일어납니다. 전에는 생각, 행동, 습관을 아우르는 이른바 '전경'에만 신경을 썼습니다. 그러다가 불교적 관점을 배우면서 전경만큼이나 배경에도 주의를 기울이게 되었습니다. 이를테면 근원을 이루는 명상, 제가 머무는 물리적 장소, 감정과 기분, 순간순간이 전해주는 느낌말입니다.

이를 위해 저는 최대한 오랫동안 꿈결 같은 정신 상태를 유지하도록 아침 시간을 부드럽고 고요하게 보내려고 노력합니다. 잠자리에서 나오기 전에 우선 스승님들을 떠올립니다. 그분들의 얼굴 이미지와 존재감을 느낍니다. 스승님들께 감사한 마음을 품고 그분들과의 관계에서 오는 선한 기운을 느낍니다. 그런 다음 자리에서 일어나 가운을 걸치고 밖으로 나와 사무실로 향합니다. 제 사무실은 우리 집 마당 건너편 아파트에 자리 잡고 있습니다. 남편에게 아침 인사를 하거나 고양이를 어루만져주거나 멈춰 서서 다른 일을 돌보지 않습니다. (너무 이른 시간이라

저를 배웅해주거나 잠옷 바람이라며 뭐라고 할 사람도 없습니다.) 주전자를 켜고 큰 잔에 아이리시 브랙퍼스트 티를 만듭니다. 이 차는 뉴욕시 설리번 스트리트의 찻잎 가게에서 구해온 것입니다. 그 차만 마시죠. 다른 차는 있을 수 없습니다. 끓인 물에 찻잎을 담가둘 동안 찬물에 간단히 샤워한 뒤 조촐하게 위패를 받듭니다. 초에 불을 켜고 조상께 차를 올리는 거죠. (작은 잔에 차를 타서 제단에 두는 것을 말합니다.) 작업 공간이 깔끔한지 확인한 뒤, 소파에 앉아 일기를 씁니다. 처음에는 두서없이 이런저런 글을 늘어놓고 그다음에는 아래 세 가지 원칙에 따라 그날 글쓰기를 실천합니다.

1. 지름길로 가지 않기 (일과 사랑, 특히 명상 수련에서 이를 기억합니다. 명상은 생활 비법이나 수양을 돕는 도구가 아니기 때문입니다.)
2. 수치심 몰아내기 (부끄러운 마음이 슬며시 고개를 들 때마다 온화한 태도를 기억하라고 자신에게 말합니다.)
3. 몸을 보호하고 가꾸기 (무엇을 먹으며 언제 움직일지를 곰곰이 생각합니다.)

마지막으로 제가 따르는 한 분이 제 일에 관해 해주셨던 말씀을 적습니다. 몸 둘 바 모르게 만드는 과찬의 말씀이라 여기서 공개하기에는 너무 부끄럽지만, 저는 그분이 들려주신 그 말씀을 거듭 생각하기를 좋아합니다. 매일 떠올리죠. 그러고 나면 정말 행복해집니다.

그다음에는 잠시 정좌 명상Sitting meditation을 수행한 뒤, 지난 15년간 노력해온 금강승金剛乘, Vajrayana 불교 전례를 실행합니다. 다음으로는 날이 아주 좋다면 뭔가 적어봅니다. 아무거나 500단어로 적습니다. 이렇게 해서 루틴을 마무리하죠. 그러면 9시 정도가 됩니다. 열 번 중에 여섯 번은 이 루틴을 빠짐없이 완료합니다. 이 비율을 여덟 번까지 높이고 싶네요.

루틴을 마치고 난 다음에 할 일은 딱히 정해져 있지 않습니다. 때로는 아침 식사를 하지만 그렇지 않을 때도 있습니다. 운동을 할 때도 있지만 하지 않을 때도 있습니다. 예전 같았으면 몹시 화가 날 일이죠. 한때는 책을 읽고, 전문가를 섭외하고, 신탁을 청하고, 알람을 더 이른 시간에 맞추어 좀 더 촘촘하게 루틴을 따르는 삶을 살아보려고 노력했습니다. 하지만 이런 선형적인 방식은 매번 제게 불쾌감만 안겨주었습니다. 지난 수년간 저는 자신을 다그쳐 뭔가를 만들어내려고 하기보다는 제 속에서 무엇이 일어나는지 가만히 지켜보는 편이 더 유용하다는 것을 깨달았습니다. 잠잠히 앉아서 기다리는 데 심혈을 기울이죠. 제게는 그렇게 하는 편이 가장 효과가 좋으니까요.

저는 숱한 슬픔을 간직하고 있는데 오묘하게도 이것이 제게 득이 되었습니다. 사실 슬픔이란 매우 부드럽고 개방적이며 작업할 만한 심리 상태입니다. 슬픔 속에 머무를 때면 더 깊은 지혜, 통찰, 의미, 창조력, 사랑 같이 성공이라 할 만한 여러 속성에 더 쉽게 다가갈 수 있는 느낌이 듭니다. 이런 속성들이 지닌 공통점이 하나 있습니다. 전부 기존의 생각을 넘어선 공간 속에서 발현된다는 것입니다. 강요해서 얻을 수 없는 것들이라는 거죠. 말하자면 슬픔은 저 자신을 넘어서서 성공에 이르는 진입로라고 할 수 있겠습니다. 이는 제가 진정 바라는 것이기도 합니다.

이 루틴을 얼마나 지켜왔나요? 달라진 것은 없나요?

10년 넘게 이 루틴을 따라왔습니다. 저의 모닝루틴은 뉴잉글랜드의 계절에 따라 조금씩 달라집니다. 더 따뜻한 달에는 잠을 줄이고 밖에서 시간을 더 많이 보냅니다. 슬픈 감정도 줄어들죠. 슬퍼하는 대상이 달라진다고 할 수도 있겠네요.

아침 명상 루틴도 있나요?

저는 온라인 명상 커뮤니티를 운영하는 불교 선승입니다. 우리가 수행하는 핵심 명상법은 사마타Shamatha, 止 - 위빠사나Vipassana, 觀 또는 마음챙김-알아차림입니다. 저는 매주 이런 명상법을 수행하는 것에 관한 가이드 영상을 제작하고 약 2천 명이 이를 시청합니다. 각 영상은 짧은 이야기로 시작합니다. 이것이 제 일입니다. 하루 중 대부분이 명상을 중심으로 움직이죠. (참고로 이런 생활이 꼭 좋은 것만은 아닙니다.)

파트너는 그런 루틴에 어떻게 맞춰 주나요?

제 남편은 저의 모닝루틴을 잘 이해해줍니다. 이렇게 되기까지 서로 맞춰가는 과정이 있었죠. 남편은 함께 있는 시간을 즐기는 사람이지만 저는 홀로 있는 시간을 더 즐기는 사람이거든요. 지난 20년간 우리는 서로의 모습을 수용해가는 성숙의 길을 걸어왔습니다. 다 남편의 바다 같은 마음씨 덕분이죠. 작년 제 생일에는 드넓은 들판에 작은 집이 서 있는 그림을 하나 사주더군요. 화가는 캔버스 위에 "날 좀 내버려둬, 날 좀 내버려둬, 날 좀 내버려둬."라는 글을 수십 번 써놨습니다. 남편이 자신의 성품과는 정반대인 저의 특성을 인정해주는 것 같아 무척 고마운 선물이었습니다. 정말 로맨틱했습니다.

실패할 때는 어떻게 하나요?

자신을 너무 밀어붙이려 하지 않고 그렇게 깜빡 놓치는 데서 유쾌한 요소를 찾습니다. 티베트 명상의 대가인 쵸감 트룽파 린포체Chögyam Trungpa Rinpoche가 했던 말이 생각나네요. "높은 곳에서 떨어지는데 붙잡을 것도 전혀 없고 낙하산도 없다는 것은 나쁜 소식이다. 그런데 좋은 소식은 부딪힐 땅도 없다는 것이다." 이 말을 떠올리면 어떤 경우든 긴장을 풀 수 있습니다.

나만의 루틴 만들기

이번 장의 목표는 명상의 이점을 다룬 방대한 연구나 실천할 만한 다양한 명상 수행법을 전하는 것이 아니다. 하지만 아무리 바쁘더라도 모닝루틴에 마음챙김 명상을 끼워 넣을 수 있는 간단한 방법 정도는 간략히 소개하려고 한다.

"명상은 대다수 사람이 사용하지 않는 최고의 생활 비법이다."
— 라비 라만Ravi Raman, 임원 이력 코치

살면서 한 번도 명상을 해본 적이 없다면 반드시 읽고 넘어가길 바란다. 여기서는 명상이 다양한 형태를 띨 수 있다는 것을 보여주려고 한다. 명상이라고 하면 산꼭대기에서 따라할 수도 없는 자세로 다리를 겹치고 있는 모습이 떠올라 명상을 외면한다는 것은 잘못된 것이다. 최근 몇 년 사이에 명상이 다시 인기를 끌게 된 이유는 그리 놀랍지 않다. 명상은 삶에 심오하고 긍정적인 영향을 미치고, 오랜 기간 꾸준히 실천할수록 효과가 크다. 명상은 집중력을 향상하여 명료한 정신으로 문제를 대하게 한다. 명상은 틀을 벗어나도록 도와주기도 한다. 늘 거기 있다는 것은 알았지만 한편으로는 잊고 지냈던 세상에 새롭게 눈뜨게 만든다는 것이다. 또한 명상은 스트레스를 줄이고 수면을 개선하는 데도 유익하다. 뉴스 특파원이자 명상 옹호자인 댄 해리스Dan Harris의 말을 빌리면, 명상이 "인생의 모든 것을 고쳐주는 것은 아니다. 명상한다고 키가 커지는 것도 아니고 공원 벤치에서 지복祉福의 상태로 들어가는 것도 아니다. 하지만 명상을 하면 10%, 어쩌면 그보다 조금 더 행복해질 수는 있다."

마리아 코니코바는 이렇게 덧붙였다. "명상은 생각을 정리하는 훌륭한 방법이다. 명료함과 집중력을 얻으려는 모든 사람에게 명상을 추천한다." 데이비드 무어는 이렇게 말하기도 했다. "명상은 아침 시간 중에서도 단연 제가 좋아하는 부분입니다. 명상을 하면서 제가 이루고 싶은 목표에 맞는 자세를 의도적으로 갖출 수 있으니까요."

명상에는 다양한 형태가 있고, 자신에게 가장 잘 맞는 명상법을 정하는 것은 개인에게 달렸다. 초월 명상과 좌선 중 어느 것이 더 유익한지, 위빠사나와 자애 명상 중에서는 어느 편을 고르는 게 더 나을지를 말하지는 않겠다. 다만 아침에 통근하거나 달리기를 할 때 또는 여유 시간이 있을 때 5~10분가량 잠시 앉아서 할 수 있는 간단한 마음챙김(생각을 말끔히 정돈하고 현재 순간에 집중하는 것)을 소개하려고 한다. 다리야 로즈가 이를 루틴에 적용한 소감을 들어보자. "명상은 집중력과 전반적인 안녕감에 어마어마한 영향을 주었습니다. 덕분에 전보다 덜 소진되는 기분입니다." 자신이 받아들일 자세만 갖는다면 마음챙김을 모닝 루틴에 적용하기가 얼마나 쉬운지 보여주면서 이번 장을 마무리하려고 한다.

아래 팁을 따른다면 전보다 덜 소진되는 기분을 느끼게 될 것이다.

평범한 순간 속에서 명상 해보기

아직은 제대로 된 명상을 홀로 수행할 준비가 되지 않았다면, 평범한 일상생활에서 명상의 순간을 찾아 누리자.

"찻잎을 손수 갈아서 물을 내리고는 차가 우러날 때까지 기다립니다. 제가 하는 일 중에 이것이 가장 명상에 가까운 활동입니다. 찻잎을 따고 부수어 물에 우리는 수동적인 과정이 제 모든 감각을 일깨웁니다."

— 바네사 반 에드워즈Vanessa Van Edwards, 인간행동 탐구가

아침마다 요리하거나 원두를 갈거나 차를 우리는 활동을 명

상 수행의 기회로 삼을 수 있다. 전직 항공우주 공학자 아밋 소나완Amit Sonawane은 이렇게 말했다. "명상이란 단순히 깨어 있는 활동입니다. 저는 주전자에 새로 커피를 내릴 때(커피 향, 주전자를 씻을 때 느껴지는 찬물의 감촉, 커피잔을 가까이 댈 때 얼굴에 느껴지는 부드럽고 훈훈한 김을 느끼며) 이를 실천하는 편입니다." 시간이 지나 이런 활동을 제대로 된 명상 수행으로 바꾸고 싶어지면, 이런 평범한 일상 활동의 과정을 활용해서 수행시간으로 삼으면 된다. 컴퓨터 프로그래머인 마누엘 로이제렛Manuel Loigeret은 "물이 끓는 동안 자리에 앉아 10분간 명상을 합니다."라고 말했다.

타이머를 맞춰놓고 이런 활동을 한다면 더욱 바람직하다.

아침 달리기나 통근 시간에 명상하기

달리기는 움직이며 하는 명상이라는 말이 있는데 우리와 얘기를 나눈 사람마다 이 말에 맞장구를 쳤다. 웹사이트에 게시할 목적으로 몇 년간 수백 명을 인터뷰하면서 아침 달리기나 대중교통으로 출근하는 것을 일종의 명상으로 여기는 사람들을 꾸준히 만났다. 페이스북의 제품 디자이너인 대니얼 에덴Daniel Eden은 이렇게 말해주었다. "사람들은 (저의) 통근을 놓고 투덜대거나 의아해하는데 저는 통근 덕분에 어쩔 수 없이 생각할 시간을 갖게 되어 좋다고 여깁니다."

모든 종류의 아침 운동도 사색의 시간으로 받아들일 수 있지만 특히 아침에 달리는 것은 명상하기에 유리한 점이 있는 듯하다. 대중교통으로 출근하는 것은 이 세상 속에서 할 수 있는 차분한 수행법이라고 하기 어렵다. 하지만 헤드폰을 쓰고 미리 녹음해둔 명상 가이드를 듣거나 소음을 차단하기 위해 뭔가를 들으면서 조금이나마 주변 세상으로부터 빠져나오는 것에는 상당한 의미가 있다.

명상 직후의 활동을 요령 있게 선택하기

새 모닝루틴을 세우는 방법 중 하나는 루틴의 각 부분이 뒤이은 요소의 도화선이 되도록 만드는 것이라는 점을 기억할 것이다.

자신만의 아침 명상 수행법을 만들기로 마음먹었다면 과거 명상을 하면서 얻었던 깨달음을 십분 활용하는 편이 현명하다. 요가 강사이자 배드 요기Bad Yogi의 공동 설립자인 에린 모츠Erin Motz는 이렇게 말했다. "저는 10분간 명상한 뒤에 곧장 펜을 들고 종이에 글을 씁니다. 주로 의식의 흐름에 따라 쓰거나 임의로 주제를 정하고 자유롭게 떠오르는 생각을 적습니다." 싱어송라이터인 소니아 라오Sonia Rao도 비슷한 이야기를 들려주었다. "저는 아침마다 30분은 명상을 하고 30분은 자유롭게 글을 씁니다. 이것이 어떤 유형의 명상인지는 잘 모르겠지만 침대 앞쪽에 기대앉아 제 호흡에 집중합니다."

자기 나름의 아침 명상 수행법을 수립하든 그렇지 않든 간에, 현재 순간에 머무르며 주의력을 유지할 수 있도록 오전 내내 그리고 하루 동안 간간이 마음챙김 주문을 걸어보자.

"저의 명상은 일기 쓰기입니다. 노트에 글을 쓰고 있으면 정신이 맑아지고 감사하는 마음에 든든히 뿌리를 박게 되거든요. 일기 쓰기 수행을 날마다 하지 않는다면 감사하는 마음도 줄어들고 온전한 기쁨을 누리지도 못할 것입니다."

— 태미 스트로벨Tammy Strobel, 저술가 겸 사진사

온종일 기분 나쁜 자잘한 자극을 더 많이 알아차리는 모든 이에게 멜로디 월딩은 이렇게 조언한다. "마음챙김에는 이점이 매우 많은데, 저는 온종일 소소하게나마 자신을 되돌아보는 시간을 꼭 가지려고 노력합니다. 순서를 기다리며 긴 줄에 서 있거나 전철이 늦게 들어올 때면 짜증을 내기보다는 그 시간을 이용해 저 자신을 돌아보며 지금 현재에 머무는 법을 연습하죠."

너무 심각하게 생각하지 않기

자신이 원한다면 시간이 지남에 따라 수행에 질서가 잡힌다. 하지만 우선은 명상을 수행하는 데 불안이 스며들지 않도

록 주의하길 바란다. 요가 강사인 그레이시 오부초위치Gracy Obuchowicz의 예를 들어보자. "몇 가지 명상 수행법을 공부하면서도 그 어느 것도 지나치게 깊게 파고들지는 않았습니다. 대부분 단순히 자리에 앉아 알아차리고 느끼는 수준이죠. 호흡으로는 교호 호흡(Alternate nostril breathing, 콧구멍을 번갈아 가며 호흡하는 방법—옮긴이)을 실행합니다. 마음이 자유롭게 배회한다 싶으면 다시 이를 가다듬습니다. 대단한 수행은 아니지만 중심을 챙기는 데는 효과적인 것 같습니다."

뒤집어 생각하기

하루를 살면서 순간순간 명상하는 시간을 찾는다는 데는 반대로 생각할 만한 것이 없다. 아침에 명상할 시간적 여유나 의향이 없을 수도 있다. 그렇다면 하루 중 다른 시간에 마음챙김과 반성의 순간을 갖는 것이 바람직하다. 엔지니어인 앤드루 콜드웰Andrew Caldwell은 이를 완벽하게 표현했다. "잔잔한 강 저 너머에서 태양이 떠오를 때, 잠시 시간을 내 고요한 가운데 제대로 호흡해 보세요. 무엇보다 값진 일이라는 것을 느낄 수 있을 것입니다."

5장

저녁 루틴

모닝루틴은 전날 밤에 시작된다

클라크, 뭔가 설명할 게
있는 것 같은데?

대다수 사람은 저녁 몇 시간을 허비하다가 몹시 지루해지면 잠자리에 든다. 저녁 모임에 나가거나 마감 기한이 임박한 일을 처리할 때도 있지만, 보통의 경우 잠자리에 들기를 거리끼는 것은 느긋한 시간이 곧 끝난다는 아쉬움 때문이다.

자신을 몰아붙일 필요는 없지만, 저녁 루틴에 체계를 잡으면 그날의 짐을 내려놓고 새로운 아침을 열 수 있게 된다.

이번 장에서는 제빵회사 밥스 레드 밀Bob's Red Mill의 창업자 겸 대표인 밥 무어Bob Moore에게 잠들기 전에 읽는 역사 전기가 수면을 방해하는 이유를 들어보고, 수학 교육자인 호세 루이스 빌슨José Luis Vilson이 저녁 시간에 마음을 가라앉히는 것이 중요하다고 강조하는 이유도 들어본다. 저술가이자 강연가인 제니 블레이크Jenny Blake는 밤늦게까지 TV를 시청하는 것은 모닝루틴을 희생할 정도로 높은 가치를 지니지 않는다고 말해준다. 모두 5명의 유명인이 말해주는 그들의 저녁 루틴 이야기. 한번 살펴보도록 하자.

어떤 모닝루틴을 갖고 있나요?

저는 아침형 인간이 아닙니다. 이런 이유에서 창의력이 가장 요구되는 중요한 일을 아침에 제일 먼저 합니다. 연구에 따르면 한산한 때가 통찰력 있는 사고를 하는 데 안성맞춤이라고 하죠.

저는 보통 알람 없이 8시쯤에 일어납니다. 이상적으로는 10분 정도 명상을 해야 하는데 대개는 일할 생각에 시작조차 못하죠. 일어나면 컴퓨터를 책꽂이 위에 놓고 귀마개를 꽂고 가장 중요한 일을 하면서 하루의 첫 시간을 보냅니다. 대개 이때를 활용해 방해 없이 두 시간가량 작업에 몰두합니다.

이 루틴을 얼마나 지켜왔나요? 달라진 것은 없나요?

이 루틴을 지속한 건 최근 6개월이지만, 아침 첫 시간에 일하는 것을 우선순위로 삼은 것은 3년 정도 되었습니다.

전에는 아침에 일어나자마자 하나의 프로젝트를 놓고 10분간 짧게 집중해서 일하는 것을 목표로 했습니다. 저는 늘 생각했던 것보다 더 일할 구실을 만들려고 말도 안 되게 쉬운 것을 목표

로 정합니다. 이제 한 시간 동안 집중적으로 일하는 것은 식은
죽 먹기가 되었습니다.

수월한 아침을 보내기 위해 전날 밤에 하는 일이 있나요?
전날 밤에 긴장을 풀수록 다음 날 아침에 두뇌가 더 활발히 움
직이더라고요. 10시쯤 모든 스크린을 끄거나 청색광 차단 안경
을 씁니다. SNS를 포함해 타인을 떠올리는 모든 걸 차단하죠.

　텔레비전 방송이나 영상물을 보기도 하지만, 11시가 넘어가
면 독서와 같은 더 차분한 활동을 하려고 노력합니다. 너무 지
치기 전에 잠자리에 들어가 처음에는 침대에 앉아 불을 켜놓고
벽을 응시하길 좋아합니다. 오늘 있었던 일이나 내일 할 일을
생각하다가 눈꺼풀이 무거워지기 시작하면 수면 마스크를 쓰고
귀마개를 끼고 나서 불을 끕니다. 눈꺼풀이 무거워지기 전에 일
부러 눈을 감고 있으면 잠들기가 힘듭니다.

주말에도 이 루틴을 따르나요?
평일의 1순위가 일을 처리하는 것이라면 주말의 1순위는 외출
하는 것입니다. 토요일에는 생활을 정돈하고 일요일 오후에는
다음 주 계획을 세우죠. 주말에는 대개 일하지 않지만 긴박한
일이 있다면 처리합니다.

저녁 루틴을 오후 3시에 시작한다

제니 블레이크 Jenny Blake
《피벗하라 Pivot》 저자, 강연가

어떤 모닝루틴을 갖고 있나요?

7~9시간 정도 잠을 잔 이상적인 경우라면 아침 해가 뜨기 전에 일어나지만 7~8시가 다 되어 일어날 때도 있습니다. 제가 바라는 건 5~6시예요. 해가 뜰 때까지 한두 시간 정도 초를 켜놓고 비문학 도서를 읽는 것을 매우 좋아합니다. 그런 다음 자리와 상관없이 20~45분간 명상을 한 뒤에 일과를 시작합니다. 20분 정도 달리면서 신선한 공기를 마시고 몸에 엔도르핀이 돌게 할 때도 있지만 대개 운동은 더 나중에 하려고 아껴둡니다.

이 루틴을 얼마나 지켜왔나요? 달라진 것은 없나요?

6년 전 구글에서 퇴사해 독자적으로 일하기 시작한 이후로 계속 루틴에 변화를 주었습니다.

제 몸, 그리고 그 연장선에서 제 루틴이야말로 사업의 원동력이라는 것을 일찍 깨달았죠. 잠이 부족하거나 운동을 하지 않은 탓에 능률을 절반밖에 끌어올리지 못하고 있다면, 유일한 직원인 제가 힘든 만큼 제 사업도 곤욕을 치를 것입니다. 제게 성공이란 몰두할 일 자체만큼 사업과 인생을 운용하는 방식과도 긴밀히 연관됩니다. 저는 "당신의 몸이 곧 당신의 사업이다."라는 좌우명을 받아들여 신체 건강과 활력을 1순위로 삼고 있습니다. 요가, 명상, 필라테스, 걷기, 몸에 좋은 식생활, 충분한 수면은 제가 꼭 챙기는 일들입니다. 제게 행복을 가져다주는 이 요소들은 에너지와 창의성 넘치는 하루를 만들게 합니다.

몇 시에 잠자리에 드나요?

제 몸이 원하는 대로 따른다면 8시 반 정도에 일찍 잠들기를 좋아하는데 친구들은 이를 두고 저를 놀리곤 합니다. 저는 뱀파이어와는 거리가 먼 사람이거든요. 행사에 참석하거나 친구들과 만나 저녁 식사를 할 때면 대개 10시나 11시에 잠듭니다. 저는 세상이 아직 깨어나기 전인 고요한 아침 시간을 손꼽아 기다리기 때문에 자는 시간을 매우 중시합니다. 저는 밤에 열리는 파티를 두고 포모(FOMO, 자신만 소외당하는 것 같은 두려움—옮긴이)를 느끼지 않습니다. 오히려 밤늦게까지 깨어 있는 탓에 영광스러운 아침 시간을 놓칠까 봐 두려워하죠.

수월한 아침을 보내기 위해 전날 밤에 하는 일이 있나요?

저는 요가를 하거나 친구와 함께 걷기 위해 오후에 집 밖을 나서는 순간부터 서서히 그날 활동을 줄여나가기 시작합니다. 답변을 하고 싶다거나 특별히 긴급한 일이 없는 경우라면 이메일에 답변하지 않고, 오후 5시가 넘으면 이메일을 확인해야 한다는 부담을 전혀 갖지 않습니다. 6시나 7시에 저녁을 먹고, 텔레비전 방송을 한 편 보고, 독서를 조금 하다가 잠자리에 듭니다.

밤에 침대에 머리를 댈 때면 저만의 '내려놓기' 질문을 하나하나 떠올리길 좋아합니다. 그러면 머릿속이 맑아지고 곧장 잠드는 데도 도움이 됩니다. 그 질문들은 이렇습니다. 오늘의 하이라이트는 뭐였지? 저조했던 순간은 언제였지? 자축할 만한 일을 하나 고른다면 무엇일까? 감사한 일을 하나 고른다면 무엇일까? 해결되지 않은 질문이 있다면 무엇일까?

알람에 맞춰 일어나나요?

비행기 탈 일이 없다면 알람을 사용하지 않습니다. 또한 적어도 아침 10시가 될 때까지는 회의나 코칭 전화 약속을 잡지 않습니다. 선호하는 시간은 11시예요. 이렇게 하면 잠자리에서 일어나 하루를 시작하면서부터 조급한 기분이 드는 것을 피할 수 있습니다. 제 몸이 원하는 만큼 충분한 휴식을 누리는 거죠.

아침 운동 루틴도 있나요?

운동은 오후 시간에 얻는 보상입니다. 아침 10시부터 집중력을 발휘해 부지런히 일에 매진한 뒤 오후 3시쯤이 되면 밖에 나가

걷거나 요가 또는 필라테스 수업에 들어갑니다. 오후 활동과 더불어 또는 오후 활동 이후에 친구와 만나 커피나 저녁 식사를 함께하기도 합니다. 오랫만에 만난 사람과 하기 좋은 건 '걸으며 대화하기'입니다. 이렇게 하면 대화에도 더 활발히 참여하게 되고 운동의 이점도 얻을 수 있습니다.

아침 명상은 어떤 점이 좋은가요?

명상은 저의 약입니다! 명상이야말로 하루 중 제가 할 수 있는 최고의 활동이니까요. 명상을 하면 차분하고, 감사하고, 중심이 바로잡히고, 전략적이고, 창의적인 기분을 느끼게 됩니다. 보통 명상은 20분 이상 합니다. 특정 유형의 명상을 수행하기보다는 그날그날 변화를 주어서 다르게 합니다.

지난 몇 년간 명상에 할애하는 시간을 꾸준히 늘려왔습니다. 전에는 하루 10~20분, 때로는 단 5분이었는데, 어느 날 명상은 끼워 넣어야 할 사소한 활동이 아니라 일과 중 가장 중요한 일이라는 것을 깨달았습니다. 온종일 문제를 끌어안고 고민하는 것보다 명상을 하면 문제가 훨씬 빨리 해결됩니다.

저녁에는 완벽하게 오프라인

니르 이얄Nir Eyal
행동 디자이너, 《훅Hooked》 저자

어떤 모닝루틴을 갖고 있나요?

저는 하루 내내 기술의 힘을 많이 빌리고, 제게 중요한 일을 수
치화해주는 제품도 많이 씁니다. 이렇게 챙기는 중요한 일 중
하나가 수면입니다.

저는 아침마다 7시쯤 저를 깨워주는 스마트 타이머를 사용합
니다. 이 기기에 딸려오는 작은 기기를 베개에 부착하면 블루투
스를 통해 작은 수신국과 연결됩니다. 제가 7시쯤 뒤척거리면
이를 감지해 30분 안에 잠에서 깨게 하죠. 이에 따라 때로는 6
시 반쯤 일어나기도 하고 더 늦게 일어날 때도 있습니다.

일어나면 아내와 아침 인사를 나누고 화장실에 다녀와서 간
단하게 휴대전화를 확인합니다. 그런 다음 커피를 내리고 자리
에 앉아 가족과 잠시 시간을 보내고는 집필을 시작합니다.

이 루틴을 얼마나 지켜왔나요? 달라진 것은 없나요?

제가 기억하는 한 늘 7시쯤 일어난 것 같네요. 저는 끊임없이
모닝루틴에 변화를 줍니다. 제가 요즘 실험하는 것은 아침 식사

를 건너뛰는 것입니다. 약 4개월 전부터 그렇게 하면서 일일 루틴에 어떤 영향이 있나 살펴보는 중입니다.

몇 시에 잠자리에 드나요?

밤 10시면 침대에 눕습니다. 그 시간쯤 되면 인터넷도 차단하죠. 라우터를 활용해 여러 기기와의 연결을 차단한 뒤에 11시경이면 잠듭니다.

수월한 아침을 보내기 위해 전날 밤에 하는 일이 있나요?

저는 책상을 깨끗하게 유지하길 좋아합니다. 이렇게 하면 아침에 커피를 내려 식구들과 잠시 시간을 보낸 뒤 곧장 일에 들어가는 데 도움이 되거든요. 뭔가 책상에 놓여 있으면 주의를 뺏길 확률이 높기 때문에 싹 치워둡니다.

아침에 해야 할 가장 중요한 일은 무엇인가요?

가장 중요한 일은 딸과 아내에게 제대로 아침 인사를 하는 것입니다. 우리 가족은 하루 내내 서로에게 감사의 뜻을 표하는 습관을 즐겁게 지켜나가고 있습니다. 아침마다 서로에게 포옹과 입맞춤을 해주고 좋은 아침이라고 인사하며 서로 사랑한다고 말해주는 루틴을 실천합니다.

제가 중요하다고 생각해 매일 완수 여부를 점검하는 몇 가지 항목이 있습니다. 책상 앞에 앉으면 눈앞에 제 루틴을 적어둔 큰 화이트보드가 있는데, 여기에는 주 5회 하루 두 시간씩 집필하기, 주 4회 헬스장 가기, 주 2회 아내와 산책하기, 주 5회 지금 읽고 있는 책 20페이지 읽기 등이 적혀 있습니다.

이 모든 활동은 아침을 넘어 하루 내내 하는 일입니다. 각 항목 옆에는 제가 했는지 안 했는지를 표시하는 공간이 있습니다. 무슨 일이 생기면 주중 나중 시간으로 활동 계획을 미뤄 그 시간대에 마쳐야 할 모든 일을 완료할 수 있게 합니다.

저녁 차 한 잔이 가져오는 완벽한 시간

호세 루이스 빌슨 José Luis Vilson
수학 교육가, 《이건 시험이 아니야 This Is Not a Test**》 저자**

어떤 모닝루틴을 갖고 있나요?

새벽 5시 반에 잠에서 깨면 물을 한 잔 마시고, 시리얼을 먹고, 옷을 입은 뒤 부리나케 출근길에 나섭니다. 여유 시간을 고려해 지하철역까지 버스를 탈 때도 있고 걸어갈 때도 있습니다. 지하철 안에서는 기분에 맞춰 음악을 듣습니다. 기분이 좋을 때는 제이지 Jay-Z나 다프트 펑크 Daft Punk를 듣지만, 기분이 좀 가라앉을 때는 켄드릭 라마 Kendrick Lamar나 라디오헤드 Radiohead를 듣죠. 이런 두 기분의 사이라면 뮤지컬 〈해밀턴 Hamilton〉의 사운드트랙을 틉니다.

지하철역에서 나오면 커피 한 잔을 손에 들고 강의할 마음가짐을 갖춥니다. 수업에 들어올 학생들을 떠올리면서 오늘 가르칠 부분과 수업 시간에 진행할 활동을 생각해봅니다. 첫 번째 수업인지 마지막 수업인지에 따라, 또한 시험이나 퀴즈를 보는지에 따라 분위기를 바꿉니다. 이를 위해 가볍게 몸을 풀거나 스트레칭을 하기도 합니다. 명상하듯이 심호흡도 몇 번 합니다.

이 루틴을 얼마나 지켜왔나요? 달라진 것은 없나요?

지난 10년간 대체로 비슷한 루틴을 지켜왔습니다. 어떤 면에서는 더 나아졌지만 오히려 퇴보한 측면도 있습니다. 지금보다 학교에서 더 멀리 떨어진 곳에 살 때는 지하철에서 책을 읽고 채점하는 시간도 더 길었습니다. 이와 달리 지금은 직장에서 더 가까이 사는 덕분에 훨씬 더 일찍 출근해서 학생들을 위해 준비하는 시간을 갖죠.

몇 시에 잠자리에 드나요?

밤 10시 반쯤 잠듭니다. 혹시라도 늦게 자는 날이면 '내일은 힘든 하루가 되겠구나.' 하고 생각합니다.

수월한 아침을 보내기 위해 전날 밤에 하는 일이 있나요?

더 좋은 수면을 위해 캐모마일을 한 잔 마실 때가 많습니다. 물을 올려놓고 약간의 단맛을 위해 꿀도 조금 넣어 마십니다. 이렇게 하면 마음이 차분해지고 밤새 수분도 유지할 수 있습니다. 또한 그날 벌어졌던 모든 일은 마음속에서 흘러보내려고 노력합니다. 화, 분노, 그 외 지나친 감정에 휩싸인 채로 잠드는 것은 좋지 않으니까요.

알람에 맞춰 일어나나요?

제때 일어나려고 알람을 사용하긴 하지만 대개는 알람 소리가 울리기 약 7분 전에 눈이 먼저 떠집니다. 알람은 주방에 둡니다. 침실에서도 들릴 만큼 알람 소리가 충분히 크기 때문에 잠에서 깨면 정신이 번쩍 들어 다시 잠에 빠져들지 않습니다. 수업이 있는 날은 스누즈 버튼을 누르지 않습니다.

아침 운동 루틴도 있나요?

아니오. 뉴욕에 살고 있긴 하지만 학교에 도착하기까지 족히 3천 걸음은 걷거든요.

주말에도 이 루틴을 따르나요?

수업이 없는 주말에는 조금 더 늦게까지 자고 천천히 아침 식사를 합니다. 뉴스를 보거나 아들과 함께 〈세서미 스트리트Sesame Street〉를 시청하기도 하고, 이메일에도 좀 더 세심하게 답변을 남깁니다. 주말이라고 반드시 늦게까지 잘 필요는 없지만 가능하면 한두 시간 정도 편안하게 보내려고 합니다.

아무리 바빠도 취미하라

밥 무어Bob Moore
밥스 레드 밀 Bob's Red Mill **창업자 겸 대표**

어떤 모닝루틴을 갖고 있나요?

아침마다 기상 시간 6시를 꾸준히 지키고 있습니다. 토요일과
일요일이라고 늦게까지 자게 되지는 않더군요. 보통은 주말에
도 같은 시간에 일어납니다.

저는 매우 흥미로운 삶을 살고 있습니다. 현재 밥스 레드 밀
자연식품Bob's Red Mill Natural Foods의 대표인데요 우리 회사는
이곳 오리건주 밀워키에서 약 500명의 직원이 3교대로 24시간
분주하게 움직이며 통곡물을 생산해 세계 곳곳에 배송하죠. 이
른 아침이나 늦은 밤에 나와 공장을 돌면서 사람들에게 인사를
건네는 일은 언제나 재미있습니다. 제 삶에서 가장 중요한 부분
이라고 할 수 있죠.

이 루틴을 얼마나 지켜왔나요? 달라진 것은 없나요?

저는 평생 사업을 일궈 왔습니다. 카센터 겸 주유소를 처음 연
것이 스물다섯 살 때였으니까요. 늘 일찍 일어났습니다. 현재
기상 시간은 6시인데 아마 지난 25~30년간 지켜왔을 것입니다.

개인 사업을 시작해 사람을 고용하고 싶다면 가장 먼저 직원의 본보기가 되어야 합니다. 고용주가 되어 빈둥거리고 있을 수는 없거든요.

몇 시에 잠자리에 드나요?

일찍 자야 하는데 그러지 못합니다. 저는 주어진 삶을 온전히 불태우며 정력을 쏟는 편입니다. 이를 생각해서 가끔 너무 지칠 때면 늦어도 밤 10시에는 하던 일을 멈추려고 노력합니다. 9시 반이나 9시 45분에 자면 8시간 동안 충분히 잘 수 있어서 기분이 정말 좋습니다.

수월한 아침을 보내기 위해 전날 밤에 하는 일이 있나요?

자기 전에 할 일이 많습니다. 샤워도 해야 하고 다음 날 입을 옷도 꺼내놔야 합니다. 제가 좋아하는 것은 독서입니다.

전기나 역사를 좋아해서 매일 관심 있는 책을 읽는 데 일정 시간을 할애합니다. 지금은 처칠에 관한 책에 빠져 있습니다. 처칠의 딸 메리 소엄스Mary Soames가 쓴 재미있는 책이 있는데, 자서전 형식이지만 처칠에 관한 이야기, 처칠과 함께한 활동도 담겨 있습니다. 특히 영국이 추축국과 격돌을 벌이던 제2차 세계 대전 당시 이야기들도 있습니다. 이런 책을 읽기 시작해서 흠뻑 빠져들면 밤에 잠들기가 어려워집니다. 밤 10시 반이나

11시에 문득 깨서는 책을 읽다가 잠들었다는 것을 뒤돌아 깨달을 때가 많습니다.

이렇게 말하긴 했지만 사실 책 읽기는 잠을 부르기보다는 저를 깨어 있게 할 때가 많습니다. 흥미로운 일이죠. 머리맡에는 항상 책 한 권이 있는데 매일 밤 어서 그 책을 마저 읽고 싶은 마음에 조바심을 냅니다. 특히 메리 소엄스가 쓴 이 책은 정말 재밌죠. 지난주에는 적어도 두 번은 새벽 두 시경에 눈떠서 책을 더 읽었습니다. 책 내용이 너무 재밌었기 때문입니다. 저도 제2차 세계 대전과 그때 일어난 많은 일을 기억할 정도로 나이가 들었거든요. 소엄스의 글을 읽고 있으면 그때 기억이 새록새록 되살아나 책을 내려놓을 수가 없습니다.

일어나서 얼마 만에 아침 식사를 하나요?

저는 침대를 벗어나자마자 아침 식사를 하는 사람은 아닙니다. 하지만 아침을 먹을 때는 주로 통곡물 시리얼을 먹습니다. 이 세상에서 믿을 만한 사실이 있다면, 통곡물로 조리한 따뜻한 시리얼이 하루를 시작하는 데 최고라는 것입니다. 이것이 건강하게 오래 사는 비결이라고 믿고 있죠. 제가 직접 증명한 사실이라서 강하게 믿습니다. 여행과 같은 특정 상황 때문에 원하는 아침을 먹을 수 없을 때면 자신을 소홀히 대하는 느낌이 듭니다.

아침 운동 루틴도 있나요?

많이 걷습니다. 이곳 공장이 약 8천6백 평에 달하다 보니 다들 걷는 양이 많죠.

휴대전화는 언제 확인하나요?

항상 확인합니다. 기나긴 문자도 휴대전화로 능숙하게 보냅니다. 절대로 오타가 있는 문장은 보내지 않습니다. 보내기 전에 다시 읽어보면서 제대로 썼는지 확인하죠. 메시지를 보내기 전에 제가 쓴 문장 하나하나가 문법에 맞는지 반드시 검토합니다.

아침에 해야 할 가장 중요한 일은 무엇인가요?

전날 밤에 입을 옷을 전부 꺼내 놓는 데도 어떤 신발을 신을지 고민합니다. 신발, 코트, 모자를 골라야 하죠. 항상 모자를 쓰다 보니 집에 있는 모자만 100개 정도 됩니다. 신발은 같은 종류를 검은색, 갈색으로 구비하고, 벨트도 검은색, 갈색으로 준비해서 색을 맞추려고 노력합니다. 갈색 벨트를 할 때는 늘 갈색 신발을 맞춰 신는 거죠. 오픈카를 타고 출근하는데 아침 날씨가 쌀쌀하다면 반드시 코트를 입어야 합니다.

아침에 제일 처음 마시는 것은 무엇이며 언제 마시나요?

회사 문을 열고 들어가면 커피 한 잔을 손에 듭니다. 저는 커피를 사랑합니다. 커피보다 더 좋아하는 것은 없는 것 같습니다. 공장에 들어가서 구내식당에 내려가 커피를 한 잔 손에 들고 피아노 앞에 앉아서 낸시(비서)가 오기를 기다립니다. 그러고는 피아노를 연주합니다. 구내식당에는 두 대의 피아노가 나란히 배치되어 있습니다. 낸시는 출근해서 문을 열고 들어오면서 제 연주 소리를 듣고 옆 피아노에 앉습니다. 그렇게 낸시와 저는 약 20분간 피아노를 연주합니다. 우리가 연주하는 곡은 딕시랜드 타입의 재즈입니다.

실패할 때는 어떻게 하나요?

충분히 대처할 수 있기 때문에 그리 영향 받지 않습니다. 아흔 살쯤 되면 이제 융통성을 발휘할 줄 알아야겠죠. 저는 관심사가 참 많습니다. 앉아서 책을 읽고, 피아노를 연주하고, 30~40년 동안 함께 일했던 사람 중에는 저와 관심사를 공유하는 멋진 사람들도 많습니다. 이런 제게 좋은 점이 하나 있습니다. 저에겐 아무런 문제가 없다고 생각하는 것입니다.

나만의 루틴 만들기

저녁 루틴은 자연스럽게 다음 날 아침까지 이어지는 데 그치지 않는다. 네덜란드 출신 프로젝트 매니저인 마졸린 베어벡Marjolein Verbeek은 저녁과 아침의 루틴이 거의 불가분의 관계라고까지 말했다. 베어벡은 "수면이 12시간으로 이루어진 일일 루틴의 일부라고 느껴질 정도입니다."라고 말했다.

"우리는 항상 잠들기 전에 주방을 청소하고 집안을 정돈해둡니다. 그렇게 맞추기가 쉽지는 않지만 아침에 일어났을 때 눈앞에 평화로운 환경이 펼쳐져 있다는 것은 무척 만족스러운 일입니다."
— 제임스 프리먼James Freeman, 블루보틀 커피 창업자

모든 사람에게 촛불을 켜놓고 일찌감치 잠자리에 들어갈 여유가 없다는 사실을 잘 알고 있다. 남들보다 늦게까지 일하는 사람도 있고, 밤교대 근무를 하는 까닭에 다른 사람이 평일 근

무를 시작하는 마음으로 저녁 시간을 시작하는 사람도 있다. 하지만 적당한 시간에 귀가하는 사람이라면 저녁 시간을 활용해 모닝루틴을 시작할 뿐만 아니라 저녁 루틴 자체를 즐길 수도 있다. 아래는 저녁 시간에 해볼 만한 몇몇 활동이다.

다음 날 입을 옷 꺼내 놓기

아침에 느끼는 의사결정 피로감[5]을 줄이면 정서적 건강에 큰 보상이 따른다. 다음 날 입을 옷을 전날 밤에 꺼내 놓으면 다음 날 일어나서 결정해야 할 일이 하나 줄어든다.

> "매주 일요일 밤이면 캘린더를 보고 주간 날씨를 확인한 뒤 요일별로 입을 옷을 골라둡니다. 그러면 아침에 생각할 거리를 하나 줄일 수 있습니다."
> — 테라 카마이클Terra Carmichael, 이벤트브라이트Eventbrite 글로벌 커뮤니케이션 부사장

아침에 제일 먼저 운동을 하는 사람의 경우, 운동복을 미리 꺼내 놓으면 운동을 건너뛸 확률이 줄어든다. 일어나서 운동복을 입을지 결정할 필요가 없다. 과거의 자신이 이미 결정을 내렸기 때문이다. 이와 마찬가지로 샤워도 저녁에 해보길 권한다.

---

5   의사결정 피로감에 대해서는 101쪽을 참고하라.

잠자기 전에 긴장을 풀 수 있을 뿐만 아니라 아침 시간을 아낄 수 있다.

내일 할 일을 목록으로 작성하고, 캘린더를 점검하기

이 활동은 움직임을 서서히 줄이는 흐름을 깨뜨릴 수 있으므로 잠자기 직전보다 하루 일을 마감할 때 하기를 권한다. 내일 할 일을 목록으로 작성하고 캘린더를 점검해두면, 아침에 일을 시작할 때 곧장 업무에 돌입할 수 있다.

이는 칼 뉴포트가 《딥 워크》에 제한한 차단 의식과 일부 비슷한 측면이 있다. 뉴포트의 말을 빌리면 차단 의식은 아래와 같이 작용한다.

"당면한 모든 과제나 목표 또는 프로젝트를 살핀 후 (1) 완결 계획을 세우거나 (2) 적기에 다시 다룰 수 있도록 정리하라. 그 절차는 하나의 알고리즘, 즉 항상 순서대로 실행하는 일련의 단계를 이뤄야 한다. 절차를 마무리한 후에는 완료를 알리는 구호를 말하라. (나는 '차단 완료'라고 말한다.) 이 구호는 조금 유치하게 보일 수 있지만 남은 시간 동안 일과 관련된 생각을 끊어도 된다는 간단한 정신적 신호가 된다."

여기에 뉴포트는 "저녁에 시간을 짜내려고 노력하다가 오히려 다음 날 업무 효율이 떨어져서 아예 처음부터 신경을 끈 경우보다 더 적은 성과를 낼 수 있다"고 덧붙였다.

저술가이자 영양학자인 이사벨 데 로스 리오스Isabel De Los Rios는 이렇게 말했다. "저는 하루 일을 마치기 전에 다음 날 아침에 무엇을 써야 하는지 포스트잇에 적어 컴퓨터에 붙여 놓습니다. 그러면 아침에 일어났을 때 이메일을 확인하거나 인터넷에서 시간을 허비하려는 유혹을 이길 수 있습니다. 이 전략은 단순하면서도 이른 아침부터 집중력을 발휘하도록 도와줍니다."

갖가지 생각과 아이디어가 끊임없이 머릿속에 맴돌 때, 그중 몇몇은 쉽게 무시해도 좋지만 몇 가지는 기억해둬야 할 것이다. 이런 생각은 그저 머릿속에서만 살아 있게(그러고는 죽게) 하지 말고 반드시 적어두길 바란다.

명상, 기도, 일기

이 활동을 반드시 할 필요는 없지만 이 중 하나라도 마음에 와 닿는다면 그 생각을 흘려보내지 말자. 명상, 기도, 일기는 서서히 움직임을 줄이고, 하루를 돌아보며 감사하는 마음을 품게 하는 훌륭한 방법이다.

아침 명상에 관한 장을 읽어보면, 명상은 초월적 감각을 말하기도 하지만 하루 동안 순간순간 집중하는 자세를 의미하기도 한다는 점을 알 수 있다. 이런 점에서 볼 때, 저녁에는 엄격하게 모든 전자 기기를 침실에서 치운다면 사색의 순간을 더 자주 누릴 것이다. 이에 관해서는 수면에 관한 장에서 자세히 얘기할 것이다.

집 정돈하기

깨끗한 집에서 일어나는 것은 삶의 즐거움 중 하나다. 그레이시 오부초위치는 이렇게 말했다. "어머니는 절대로 싱크대에 더러운 그릇을 놔두고 잠들지 말라고 하셨는데, 저는 지금도 그 말씀을 따르고 있습니다." 우리도 크게 동의하는 바다.

아침에 눈떴을 때 싱크대에 더러운 그릇이 가득하다는 것은 충격적인 일이다. 특히 좁은 곳에 살거나, 하나밖에 없는 팬이 그릇더미 가장 밑에 깔려 있다면 정말 낭패다. 그 팬이 있어야 그날 아침 요리를 할 테니 말이다.

자기 전에 집 특히 주방을 깨끗이 정돈하면 다음 날 더 기분 좋게 일어날 뿐만 아니라 그 자체가 하나의 루틴이 될 수 있다. 잠자기 직전에 주방에 있는 동안, 다음 날 아침에 바로 사용할 수 있도록 커피 머신을 미리 설정하거나, 다음 날 아침에 쓸 볼이나 그릇을 미리 꺼내 놓자.

기술의 도움 받기

저녁 루틴에 사용하는 모든 기기가 나쁜 것은 아니다. 앞서 읽었듯이 니르 이얄은 수면을 돕기 위해 밤 10시면 인터넷 연결을 차단하도록 무선 라우터를 설정한다.

이와 마찬가지로 우리가 인터뷰했던 사람 중 일부는 저녁 루틴을 시작하는 알람을 설정해 둔다고 말했다.

뒤집어 생각하기

잠들기 전에 차분하고 편안한 환경을 조성하는 데는 반대로 생각해볼 점이 없지만 이를 실천하는 시간대는 유동적으로 정할 수 있다.

밤교대 근무를 하거나 늦은 밤에 작업 능률이 가장 좋은 사람은 매일 오후 3시나 4시에 모닝루틴을 시작할 것이다. 이에 따라 저녁 루틴은 훨씬 늦은 밤 또는 잠들기 직전인 이른 아침에 시작될 것이다.

6장

수면
수면의 질을 최고로 높이는 방법

푹 자지 않으면
일찍 일어나도 벌레 잡을 힘이 없단다.

아기에게 취침 시간은 아주 중요한 문제다. 그런데 대부분의 성인은 취침 시간이 들쑥날쑥하다. 이번 장에서는 성공한 사람들의 아침과 야간 시간 루틴을 살펴보았다. 이들은 수면의 질을 개선하고 더 많은 에너지를 품고 아침을 열기 위해 여러 방법을 동원했다. 밤에 숙면을 취하는가 그렇지 않은가 하는 것은 최선의 능력을 발휘해 모닝루틴을 실행하고 즐기는 데 직접적인 영향을 미친다. 인색한 태도로 수면을 대하지 말자.

이번 장에서는 아리아나 허핑턴Arianna Huffington이 취침 전에 전자 기기를 침실 밖으로 '정중하게 내보내는' 습관에 대해 들어본다. 정리 컨설턴트인 마리에 곤도Marie Kondo는 자기 전에 빠뜨리지 않는 한 가지를 알려준다. 벤처 자본가 브래드 펠드Brad Feld는 날마다 집요하게 자신의 수면을 추적하는 이유를 밝힌다. 유명인 5인의 수면 관리법을 들어보도록 하자.

아리아나 허핑턴Arianna Huffington
《허핑턴 포스트》와 벤처기업 스라이브 글로벌 Thrive Global **설립자**

어떤 모닝루틴을 갖고 있나요?

95%의 경우에는 하룻밤에 8시간을 자기 때문에 일어나는 데 알람이 필요치 않습니다. 제게는 자연스럽게 일어나는 것이 하루를 여는 훌륭한 방법이거든요

제 모닝루틴에서는 하는 것보다 하지 않는 것이 더 중요합니다. 눈뜨자마자 휴대전화를 보면서 하루를 시작하지 않습니다. 그 대신 정신이 들면 1분간 심호흡을 하고 감사하는 마음을 품고 그날의 마음가짐을 다집니다.

이 루틴을 얼마나 지켜왔나요? 달라진 것은 없나요?

제가 진지하게 모닝루틴을 받아들이게 된 것은 2007년에 고통스러운 모닝콜을 받은 이후였습니다. 당시 저는 수면이 부족한데다 몹시 지친 상태였던 탓에 책상에 머리를 부딪치고 광대뼈가 부러졌습니다.

시간이 지나면서 자잘한 변화가 있었습니다. 예를 들어 로스앤젤레스에 살 때는 아침 걷기와 하이킹을 참 좋아했습니다. 저

는 새로운 것을 시험하는 데 매우 개방적인 사람입니다. 분명 머지않아 제 루틴에 추가할 새로운 무언가를 익히게 되겠죠.

몇 시에 잠자리에 드나요?

대체로 밤 11시면 잠자리에 듭니다. 집에서 농담처럼 하는 말이지만 제 목표는 '자정 꿈나라 기차'를 탈 수 있도록 항상 제시간에 눕는 것입니다.

수월한 아침을 보내기 위해 전날 밤에 하는 일이 있나요?

저는 잠자기 위해 전환하는 과정을 신성불가침한 의식으로 여깁니다. 먼저 전자 기기를 모두 꺼서 정중하게 침실 밖으로 안내합니다. 다음으로 초를 켜놓고 앱섬솔트를 풀어놓은 욕조에 들어가 따뜻한 목욕을 즐깁니다. 무언가를 놓고 불안해하거나 걱정에 휩싸일 때는 탕 속에 더 오래 머무릅니다. 전처럼 운동복을 입고 잠들지는 않습니다. 이렇게 하면 뇌에 혼란스러운 메시지를 보내게 됩니다. 파자마나 나이트가운 또는 잠잘 때만 입는 티셔츠를 입죠. 잠들기 전에 뭔가 따뜻하고 위안을 주는 것이 필요할 때는 캐모마일이나 라벤더 차를 한 잔 마십니다. 저는 온라인 콘텐츠보다 종이로 된 책을 읽는 것을 좋아합니다. 특히 시, 소설, 그 밖에 일과 전혀 관계없는 책을 읽습니다.

알람을 사용하지 않는 이유를 자세히 설명해줄 수 있나요?

알람 없이 일어나는 것이 참 좋습니다. '알람Alarm'이라는 단어의 정의를 한번 생각해보세요. '위험을 인지했을 때 나타나는 갑작스러운 공포나 심란한 상태, 근심, 두려움', 또는 '위험이 다가오고 있음을 경고하는 소리, 외침, 정보'를 가리켜 알람이라고 하죠. 따라서 대다수 상황에서 알람이란 뭔가 잘못되었다는 신호입니다. 그럼에도 대다수 사람은 무장을 갖추라며 자동으로 울려대는 알람시계에 의존해서 하루를 시작합니다. 위험에 대비할 때처럼 신체가 스트레스호르몬과 아드레날린을 급격히 분비하는 싸움-혹은-도주 상태에서 일어나는 거죠.

저는 스누즈 버튼도 싫어합니다. 알람을 꼭 사용할 때면 늘 제가 일어나야 하는 가장 늦은 시간으로 맞춰둡니다.

아침 운동 루틴도 있나요?

집에 있을 때는 실내용 자전거를 30분간 타고 5~10분간 요가 스트레칭을 합니다. 운동 전에는 20~30분간 명상을 합니다.

아침에 일어나자마자 이메일에 답변하나요?

저는 일어나자마자 이메일에 답변하지 않는 것을 원칙으로 삼고, 유혹을 피하기 위해 충전 중인 전자 기기를 제 방에 두지 않습니다. 하지만 뉴스를 조직하는 사업을 운영하다 보니 아침은 편집자들과 대화를 나누는 매우 중요한 시간입니다. 사람들의 연락을 제때 받는 일이 중요한 거죠. 이를 생각해서 자전거를 타자마자 이메일을 확인합니다.

특정 앱이나 제품을 활용해서 모닝루틴을 강화하나요?

수면을 강화할 생각에 침대 곁에 휴대전화를 둬야 할 일은 하지 않습니다. 잠들기 전에 부드러운 명상 가이드를 듣는 것을 좋아하지만 이는 아이팟(iPod)으로도 할 수 있습니다. 즐겨 듣는 명상 가이드는 제가 쓴 《수면 혁명The Sleep Revolution》 부록에 제시해 두었습니다. 매번 가이드가 끝나기 전에 잠들기 때문에 방송 끝부분을 전혀 모릅니다. 그 정도로 효과가 있다고 말씀드릴 수 있겠습니다.

주말에도 이 루틴을 따르나요?

물론 주말에도 지킵니다! 하지만 주말에는 운동 시간과 명상 시간이 더 길어집니다.

실패할 때는 어떻게 하나요?

모름지기 루틴은 정성을 다해야 제 모습이 유지됩니다. 그렇더라도 살다 보면 이런저런 일이 생기고 궤도를 벗어나는 경우도 생기죠. 이럴 때는 저 자신에게 손가락질하거나 남은 하루에 부정적인 영향을 받지 않도록 노력합니다.

저는 자신을 판단하거나 의심하는 내면의 목소리를 잠재워야한다고 적극적으로 제안하는 사람입니다. 이런 목소리를 가리켜 '기분 나쁜 룸메이트'라고 부르죠. 자신을 깔아뭉개고 불안과 의심만 키우는 원인이기 때문입니다. 저는 제 안의 기분 나쁜 룸메이트를 몰아내려고 수년간 노력해왔고, 덕분에 지금은 그 기세가 꺾여 아주 가끔만 떠오릅니다.

내 마음을 평화롭게 만드는
스스로의 행동을 찾는다

마리에 곤도Marie Kondo
《정리의 힘The Life-Changing Magic of Tidying Up》 저자

어떤 모닝루틴을 갖고 있나요?

아침 6시 반쯤 일어납니다. 신선한 공기가 통하도록 창문을 활짝 열어놓고 향을 피워 집을 정화합니다.

아침 식사 전에는 따뜻한 물이나 허브차 같은 온음료를 잘 마십니다. 제가 일어난 지 1시간 정도 지나면 남편이 아침 식사를 만들어줄 때도 있습니다. 대개는 토스트와 달걀, 쌀과 미소 수프 같은 간단한 식사죠. 식사를 마치면 집 안에 모셔둔 위패 앞에서 함께 감사의 기도를 드립니다. 때로는 요가도 합니다.

이 루틴을 얼마나 지켜왔나요? 달라진 것은 없나요?

창문을 열어 신선한 공기를 집 안으로 들이는 것은 어렸을 때부터 해왔습니다. 향을 피운 것은 2년 정도 되었네요. 전에는 일본식 현관에 신발 벗는 공간인 타타키tataki를 청소하는 것이 저의 모닝루틴의 일부였습니다. 첫째 딸을 낳고부터는 바빠지다 보니 전처럼 주기적으로 청소할 시간이 나질 않더군요.

몇 시에 잠자리에 드나요?

밤 11시 반경에 잡니다. 잠들기 전에는 목 뒤쪽에 아로마 에센셜오일을 종종 바릅니다. 이렇게 하면 숙면에 좋거든요. 또한 모든 물건을 제자리에 놓으면서 집을 정돈합니다. 이 행동이 제 마음을 가장 평화롭게 만들어주거든요. 저녁에 하는 몇 가지 정돈을 더 했다고 해서 집이 완벽하게 정돈되는 건 아닙니다. 하지만 스스로 하루를 마무리하는 마감 의식 같은 것을 한다면 저를 가장 평화롭게 만들어주는 의식이란 구겨진 것을 펴고, 흐트러진 것을 바로 넣는 이런 두어 가지 행동이거든요.

알람에 맞춰 일어나나요?

알람을 사용하는 일은 드뭅니다. 유난히 피곤하거나 다음 날 아침에 꼭 해야 할 있을 때만 쓰죠.

실패할 때는 어떻게 하나요?

루틴을 지키지 못했다고 그날 하루가 영향을 받는 일은 별로 없지만, 집을 완벽하게 정돈해 놓지 못한 채 문밖을 나설 때는 문제가 달라집니다. 그럴 때는 온종일 이 일에 마음이 쓰이죠.

10시 반을 넘기지 않는다

브래드 펠드 Brad Feld
파운드리 그룹 Foundry Group **벤처 자본가**

어떤 모닝루틴을 갖고 있나요?

5년 전에는 어느 시간대에 있든지 평일에는 매일 새벽 5시 반에 일어났습니다. 주말에는 자연스럽게 눈이 떠질 때까지 잤죠. 토요일, 일요일 밤이면 12시간 넘게 잘 때가 많았습니다. 그러다가 우울증을 한 번 앓고는 알람시계에 맞춰 일어나던 것을 그만두기로 마음먹었습니다. 지금은 몸이 깨어날 때 자연스럽게 일어납니다. 새벽 5시 반에서 9시 사이 어느 때든 관계없죠.

제 모닝루틴은 간단합니다. 화장실에 갔다가 체중을 재고 양치한 뒤에 커피 한 잔을 내립니다. 제 아내 에이미와 저보다 먼저 일어난 반려견들이 있는 곳에 가서 아내 곁에 앉아 잠시 시간을 보냅니다. 우리 부부는 '아침 4분'이라는 의식을 좋아하는데, 이는 함께 앉아 커피를 마시며 가벼운 대화를 나누면서 새소리 속에 밝아오는 하루를 맞이하는 것을 말합니다.

다음으로 에이미와 반려견들과 함께 앉아 있는 자리에서 노트북을 열고 블로그에 게시글을 쓰고 이메일도 몇 개 보냅니다. 그다음으로는 달리기를 하러 나갑니다. 일주일에 4~5번은 달리기를 하거든요. 뛰고 돌아오면 몸을 씻고 가볍게 아침 식사를 합니다. 보통 스무디 또는 땅콩버터를 곁들인 토스트를 먹죠. 그런 뒤 저의 하루 중 외향적인 부분을 시작합니다. 다른 사람들과 소통하며 보내는 시간이죠.

몇 시에 잠자리에 드나요?

평일이든 주말이든 매일 밤 9시 반에서 10시 반 사이에 잠자리에 듭니다. 10시 반을 넘기는 일은 거의 없습니다.

아침 명상 루틴도 있나요?

아침에 20분간 침묵 속에 명상하는 시간을 보냅니다. 저는 명상을 '수행'으로 보기 때문에 실력을 기른다거나 하루도 거르지 않겠다고는 생각하지 않습니다. '비일관적'이라기보다는 '그때그때 다른' 수행이라고 표현하고 싶네요.

특정 앱이나 제품을 활용해서 모닝루틴을 강화하나요?

몇 년 전에 지속기도양압Continuous Positive Airway Pressure, CPAP 기계를 사용하기 시작했습니다. 가벼운 수면 무호흡증이 있는데 CPAP 기계를 쓰면서 삶이 달라졌습니다.

아침에 해야 할 가장 중요한 일은 무엇인가요?

에이미와 반려견들과 시간을 보내는 일이죠.

아침에 제일 처음 마시는 것은 무엇이며 언제 마시나요?

커피를 마시는데 주로 잠에서 깨어나 15분 안에 마십니다. 커피는 하루에 한 잔만 마시기로 정해 두었습니다.

주말에도 이 루틴을 따르나요?

대체로 토요일은 디지털 안식일로 보냅니다. 온종일 이메일, 휴대전화, 인터넷을 보지 않는 날이죠. 일요일에는 자리에서 일어나 에이미와 함께 앉아서 《뉴욕타임스》를 읽습니다. 보통 토요일과 일요일에는 달리기를 합니다. 주말이라 달리는 거리도 길어집니다. 이렇게 저의 주말 아침은 고요하고 느긋하며 외부 데이터의 자극이 없습니다.

눈 감고 내일 할 일을 생각하지 않는다

스콧 애덤스 Scott Adams
연재만화 〈딜버트 Dilbert〉 창작자

어떤 모닝루틴을 갖고 있나요?

제 루틴은 시간이 지남에 따라 바뀝니다. 제 일정표에 대고 다트를 던진다면 언제나 조금씩은 다른 지점에 꽂힐 것입니다. 물론 변하지 않는 것도 있습니다.

하나는 충분히 잤다고 생각되면 최대한 빨리 일어난다는 것입니다. 최근 들어서는 새벽 4시에서 6시 사이에 일어나고 있습니다. 알람에 의지하지 않고 제 에너지를 시험하면서 계속 같은 시간에 일어나려고 노력하는 거죠. 더 자고 싶을 때는 아침 시간을 조금 잃어버리는 것을 감수하고 약간 늦잠을 잡니다. 그렇게 해서 얻는 더 높은 에너지가 잃어버린 아침 시간을 상쇄하는지 알아보는 중입니다. 아직은 이 실험의 결과물을 확인하지 못했습니다.

타고난 아침형 인간들이 있습니다. 저도 마찬가지라서 아침에 일어나는 게 손쉬울 뿐더러 그때가 저의 하루 중 최고의 시간입니다. 평상시에 저는 오전 4시~8시에 가장 행복하고 명석하고 창조적이고 낙관적입니다.

제 루틴의 핵심은 항상 일어나자마자 일하러 가는 것입니다. 창작 업무는 오전 10시 전에 마치는 편입니다. 그때가 되면 에너지 수준이 달라지므로 그 정도 일을 하고 나서는 집 밖으로 나와야 합니다. 차를 몰고 헬스장으로 향하는 거죠. 물론 뜻하지 않은 일이 끼어들 때도 많습니다. 어떤 일들은 일정을 세우기가 어렵지만 대체로 일정의 80%는 그대로 지키는 편입니다.

퍼시픽 벨Pacific Bell에서 근무하며 〈딜버트〉 연재를 겸하던 시절에는 밤 10시경 잠자리에 들려고 노력했습니다. 그때는 하룻밤에 5~6시간만 자면서 꽤 길게 일하면서도 그렇다고 느끼지 못했습니다. 출근하기 전에 만화를 그리려고 새벽 4시에 일어나는 일이 잦았거든요.

당시에는 운 좋게도 일일 활동이 모두 병행할 수 있는 것들이었습니다. 회사에서는 일이 잘못되거나 누군가 제 뜻과 다르게 행동하면 낙담하곤 했습니다. 그러다가도 만화가로 옷을 갈아입으면 낮 동안 저를 괴롭혔던 모든 일이 오히려 그림 그리는 것을 수월하게 만드는 묘한 상황을 경험했습니다. 오늘 겪은 일이 내일 그릴 만화의 주제가 되었죠. 제 태도가 '그래 좋아. 그런 어리석은 짓을 더 많이 해줘.'라는 식으로 바뀌었습니다. 그래야 제 만화로 그릴 거리가 더 많아지니까요. 같은 맥락에서 스티븐 킹Stephen King이 자신의 책《유혹하는 글쓰기On Writing》에서 일러준 다른 조언들도 있었습니다. 그는 작가가 되고 싶다면 야간 경비 등을 맡는 경비직 같은 일을 구하는 것이 좋다고 했습니다. 이런 일을 하면 하루 여덟 시간씩 멍하니 허공을 바라보고 있으니까요.

몇 시에 잠자리에 드나요?

밤 11시에는 잠자리에 들려고 노력하고 있습니다. 두 가지 일을 병행하면서 새벽 4시에 일어나 밤 10시에 일을 끝내던 시절에는 베개에 머리를 대자마자 곯아떨어지곤 했습니다. 수면이 부족하다는 분명한 신호였죠. 피로감은 정말 위험합니다. 몸이 피로하면 지능의 상당 부분을 뺏기기 때문이죠. 예를 들어, 지능 지수IQ가 120일 정도로 뛰어난 지능을 가졌어도 졸음에 짓눌리면 IQ를 110밖에 발휘하지 못합니다.

수월한 아침을 보내기 위해 전날 밤에 하는 일이 있나요?

모든 일은 잠들기 전에 완료합니다. 저는 둘째가라면 서러워할 정도로 훌륭한 분류자입니다. 사람들이 항상 제게 묻는 것이 있습니다. "그릴 주제와 아이디어를 떠올리며 온종일 만화 생각을 하나요?"라는 말이죠. 저는 "아니오. 한 번도 떠올리지 않습니다."라고 답합니다. 자리에 앉아 그림을 그릴 때만 생각하고는 그뿐입니다.

잠들려고 애쓰면서 할 수 있는 최악의 일은 머릿속으로 내일 할 일을 죽 나열하는 것입니다. 우리 집에는 7초 규칙이 있습니다. 펜과 종이는 7초 안에 찾을 수 있어야 한다는 것입니다. 다른 방해를 받기 전까지 하나의 생각을 머릿속에 품을 수 있는 최대 시간이 7초거든요.

일어나서 얼마 만에 아침 식사를 하나요?

아침에 바나나 한 개를 먹곤 했는데 혈당 지수가 걱정돼서 그만뒀습니다. 지금은 보통 단백질 바 한 개와 커피 한 잔으로 아침 식사를 대신합니다. 커피와 단백질 바를 손에 들기 전까지는 아무것도 하지 않습니다. 단백질 바를 먹고 나면 몇 시간은 족히 버티죠. 오전 중반쯤 돼서 허기가 느껴지면 과일이나 견과를 조금 먹거나 아보카도를 하나 먹거나 간식거리를 먹습니다.

아침 명상 루틴도 있나요?

없습니다. 사실 저는 숙련된 최면술사입니다. 최면을 배울 때 자가 최면도 익혔죠. 숙련된 사람에게는 자가 최면이 명상보다 더 효과적이고 빠른 수행법입니다.

아침에 일어나자마자 이메일에 답변하나요?

이메일로 할 수 있는 최악의 일은 답변하는 것이더군요. 답변할

수록 많은 이메일을 받게 되니까요.

제 오랜 철학 선생님께서 주신 팁이 하나 있습니다. 누군가 메일을 보냈다면 우선 그 메일을 2주간 그대로 둡니다. 이때 발생하는 경우의 수는 두 가지입니다. 하나는 2주 뒤에 누군가로부터 "알고 보니 그다지 중요한 일이 아니더군. 우리가 알아서 처리했어."라는 말을 듣는 것입니다. 다른 하나는 "이거 아직도 중요한 일이야."라는 말을 듣는 거겠죠. 이때는 사안이 정말 중요하다는 것을 인지하고 뭔가 조치에 나설 것입니다.

특정 앱이나 제품을 활용해서 모닝루틴을 강화하나요?

아니오. 하지만 유일하게 점검해야 할 점이 있는데, 이를 잘 점검하면 그 사람이 얼마나 효과적인지 알 수 있고, (신체적으로나 정신적으로) 얼마나 건강한지도 확인된다는 것이 제 이론입니다. 그것은 바로 수면입니다.

이런 종류의 추적기가 있다고 가정해보죠. 회의에 들어왔는데 어떤 사람의 수면 추적기에 '수면 부족'이라는 메시지가 떴다면 제가 어떻게 할까요? 단언컨대 회의를 취소할 것입니다. 그런 상태에서 진행하는 회의는 시간 낭비일 뿐이니까요. 누군가 불안해하거나, 스트레스 수치가 높거나, 심지어 의학적 문제가 있다면 수면에 원인이 있을 것입니다. 너무 많이 자는 것, 잘못된 시간에 자는 것, 너무 적게 자는 것이 다 문제가 됩니다. 수면 하나만 보더라도 다른 모든 변수를 확인할 수 있다고 장담합니다.

휴대전화는 언제 확인하나요?

항상 손에 휴대전화를 들고 있지만 전화를 받지는 않습니다. 저는 10년 가까이 전화를 받지 않음으로써 사람들이 제게 전화하지 않도록 만들었습니다.

주말에도 이 루틴을 따르나요?

주말에도 같은 시간에 일어나 아침에 작업합니다. 이렇게 하는 이유는 제 몸이 일어나서 작업하는 것에 대해서는 까맣게 모르기 때문입니다. "오늘이 일하는 날이야, 아니면 느긋하게 쉬어도 되는 날이야?"라고 묻는 순간 저 자신과 한바탕 씨름이 벌어지죠. 이를 염두에 두고 저는 주말에도 거의 똑같은 루틴을 따르되 사람들과의 커뮤니케이션은 조금 줄입니다. 컴퓨터 앞에 앉아서 책을 쓰거나 만화를 그리죠. 항상 둘 중 하나를 놓고 작업합니다.

밖에서 머물 때는 어떻게 하나요?

이동 중일 때, 심지어 휴가 기간에도 저와 함께 있는 사람들보다는 3~4시간 정도 일찍 일어납니다. 늦게까지 자는 것을 즐기

지 않기 때문에 늦잠은 자지 않습니다. 휴가를 떠날 때면 일일
만화를 미리 그려두곤 했는데, 이제는 휴대용 드로잉 태블릿이
있어서 밖에 있더라도 스케치와 대사 작성은 할 수 있습니다.

실패할 때는 어떻게 하나요?

하루가 통째로 망가지죠. 제게는 거의 없는 일입니다. 이 점에
서는 매우 단호합니다.

가끔 늦잠을 잘 때가 있습니다. 작년에는 두 번을 넘기지 않
았던 것 같습니다. 평소대로 일어났는데 너무 피곤해서 다시 잠
들었다가 깨어보면 9시경이 됩니다. 이런 일이 발생하면 그날
하루가 통째로 망가집니다. 저녁이 되면 상태가 좋아지기도 하
지만 그렇다고 곧장 뭔가를 할 수 있는 것은 아니니까요.

존 골드Jon Gold
디자이너 겸 엔지니어

어떤 모닝루틴을 갖고 있나요?

짧은 루틴을 말씀드리면 6시 반에 일어나, LCD 스크린이 있는 것은 전부 멀리하려고 노력하면서 명상과 운동을 실행하고, 최선의 삶을 살겠다는 마음가짐을 다집니다.

몇 시에 잠자리에 드나요?

대부분 10시면 잠자리에 듭니다. 책을 읽으면 11시경 잠들죠. 설명을 좀 드려야겠습니다. 저는 오랫동안 올빼미처럼 살았습니다. 습관을 추적하는 앱을 사용해서 '자정에는 취침하기'를 시도해봤는데 결국 포기했습니다. 한 번도 해낸 적이 없었거든요. 20대 시절에는 자정에서 새벽 4시 사이에 잠들었습니다.

　다양한 요인이 있었습니다. 유럽에 거주했죠. 잠자리에 들려고 할 때면 미국의 온라인 활동이 활발하게 돌아갔습니다, 프리랜서로서 집이나 커피숍에서 일하기, 그리고 정직하게 말하면 자제력이 부족한 것도 한몫했습니다. 그럼에도 아침형 인간으로 살 때 얻는 유익을 몇 년간 관찰했고, 이제야 저도 그런 삶을 살게 된 것 같습니다.

기운이 저조하고 의지력이 급격히 떨어질 때는 잘못된 결정을 내리기 쉽습니다. 아침형 인간이 되기 전에 제가 알아챈 것이 하나 있습니다. 그렇게 밤새도록 깨어 있으면서도 인터넷에서 생산적인 것은 전혀 안 할 때가 많더라고요. 밤 11시 반에 노트북 앞에 앉아 있으면 새벽 2시 반까지 그 상태를 유지했습니다. 저는 이 습관을 고치려고 노트북에 꽤 공격적인 콘텐츠 차단을 설치해 밤 10~11시에 소셜 미디어, 예능, 뉴스와 조금이라도 관련된 콘텐츠는 모두 차단하도록 만들었습니다. 주의를 흩뜨리는 요소를 차단하는 것은 아침 11시까지 유지합니다. 이때 역시 하루 중 의지력이 떨어지는 시간대거든요. 비몽사몽한 상태로 아침에 인터넷을 보기 시작하면 나쁜 하루를 보내게 됩니다. 마찬가지로 LCD 스크린이 있는 것이라면 무엇이든지 밤새 거실에서 충전합니다. 침실에 들여놓는 유일한 기기는 킨들Kindle입니다. 컴퓨터와 휴대전화에 콘텐츠 차단기를 설치하더라도 이런 기기들은 주의를 흩뜨려 숙면을 취하지 못하게 만듭니다. 한밤중에 깨어 알림을 확인하고 싶은 유혹에 빠지고 싶지도 않습니다.

수월한 아침을 보내기 위해 전날 밤에 하는 일이 있나요?
날마다 똑같은 복장을 준비해둡니다. 옷장에는 똑같은 옷이 여러 벌 있어서 아침 준비가 금세 끝나죠. 아침에 운동할 때는 운동복을 놓고 고민하지 않도록 전날 밤에 운동복을 침대 곁에 꺼내둡니다.

서서히 하루를 마감하는 저녁에는 수첩에 다음 날 일정을 기록합니다. 이는 올해 제가 읽은 책 중에서도 가장 좋았던 칼 뉴포트의 《딥 워크》에서 얻은 요령입니다. 저는 항상 주의력에 문제가 있었기 때문에 최대한 자신을 도우려고 노력하거든요. 아침에 일어나서 굳이 그날 할 일의 순서를 생각하지 않아도 된다는 것은 매우 든든한 일입니다.

아침 명상 루틴도 있나요?

있습니다! 명상은 제가 좋은 삶을 살도록 만들어주는 주요한 습관입니다. 지나친 말 같지만 저는 정말 그렇게 생각합니다.

주로 수행하는 것은 위빠사나Vipassana, 觀 명상입니다. 변화를 주기 위해 때로는 저녁에 자애Metta 명상을 수행하기도 합니다. 다양한 종류의 가이드 명상과 자율 명상을 시도해봤습니다. 지금은 댄 해리스의 훌륭한 앱인 '10% Happier'를 이용합니다. 이 앱에는 최고의 스승들이 전하는 훌륭한 가이드 명상이 들어 있습니다.

제게 가장 큰 영향을 준 명상 관련 서적은 해리스의 《10% 행복 플러스10% Happier》(앱뿐 아니라 책도 있습니다!), 반테 헤네

폴라 구나라타나Bhante Henepola Gunaratana의 《위빠사나 명상Mindfulness in Plain English》입니다. 제대로 수행에 참여하고 싶다면 명상 정진 프로그램에 참여하는 것도 추천합니다. 10일간의 묵언 정진은 너무 부담스럽겠지만 주말 정진은 간편하면서도 충분히 기분 전환이 됩니다.

나만의 루틴 만들기

우리가 밤에 충분히 못 자는 데는 뻔한 것부터 난해한 것까지 다양한 이유가 있다.

늦게 잠자리에 드는 것도 주범 중 하나다. 필요한 만큼 잤다고 만족하지 말자. 취침 시간을 일정하게 유지하면 기상 시간도 일정하게 지킬 수 있다. 그동안 들어왔듯이 취침 시간 즈음에 카페인이나 알코올을 섭취하는 것도 나쁘다. 잠자기 전에 거하게 식사를 하는 것도 속쓰림과 불편감을 몰고 오기 때문에 바람직하지 않다. 외부 소음이나 침실로 들어오는 빛의 양이 많다면 이것도 고쳐야 한다. 잠자기 전에는 적절히 활동을 줄여나가는 것도 필요하다. 마음이 분주하면 잠들기도 더 어렵고 수면의 질에도 부정적인 영향을 미친다.

"합리적인 시간에 잠든다면 놀라운 아침을 보상으로 얻습니다."
— 게릭 반 뷔렌Garrick Van Buren, 제품 전략가

마지막으로, 이번 장에서 읽은 모든 문제를 해결했는데도 수면이 부족해 괴로워하고 있다면, 수면 장애, 의학적 질병, 그 외 처방약으로 인한 부작용을 겪고 있는지도 모른다. 이 중 하나라도 의심되는 것이 있다면 의사와 꼭 상의하길 바란다.

존 골드는 자신의 루틴에 대해 이렇게 말했다. "기운이 저조하고 의지력이 급격히 떨어질 때는 잘못된 결정을 내리기 쉽습니다." 자신을 위해 모닝루틴에 최선을 다해야 하는데 이를 위한 최고의 비결은 온전한 휴식을 취하는 것이다.

이 목적을 성취하는 데는 다양한 방법이 있겠지만, 이번 장과 저녁 루틴에 관한 장을 함께 묶어 참고하길 추천한다. 저녁 시간을 알차게 보내고 최고의 수면을 누림으로써 아침 시간을 최대한 활용하는 것에 관한 큰 그림을 그리게 될 것이다. 이를 위한 몇 가지 팁을 알아보자.

일찍 잠들어 일찍 일어나기

아침에 제시간에 쉽게 일어나는 방법은 일찍 잠드는 것이다. 다음 날 모닝루틴이 안겨줄 유익을 외면하지 말자.

저녁 늦게까지 일하는 편이라면 더 일찍 자고 일찍 일어나는 것이 자신에게 맞는지 살펴보면서 일주일간 시험해보는 것이 좋다. 영국 출신 소프트웨어 개발자인 댄 카운셀Dan Counsell의 말을 참고하자. "저는 밤늦게 많은 일을 처리하지만 다음 날이 되면 늘 그 대가를 치릅니다. 피곤하고 짜증이 날 때가 많거든요. 나이를 더 먹으면서 수면이 얼마나 중요한지 깨닫게 되었죠. 제 건강, 기분, 전반적인 주의력이 얼마나 긴밀히 연결되어 있는지 이제 잘 알고 있습니다. 능률 발휘에 있어 제가 아는 최고의 비결은 충분히 자는 것입니다."

주말을 포함해 날마다 같은 시간에 일어나면서 일관된 수면 일정을 따르는 것도 실험해봐야 한다. 그러면 머지않아 신체가 이 자연적인 리듬과 일치되어 전혀 힘들이지 않고도 매일 같은 시간에 일어나게 될 것이다.

완벽한 수면 환경 조성하기

밤에 더 쉽게 잠드는(이로써 더 오래 잘 수 있는) 한 가지 방법은 침실을 각성이 아닌 수면에 맞게 최적화하는 것이다. 이를 위해 다양한 조치를 취할 수 있다.

1. 침실을 어둡게, 그것도 매우 어둡게 유지한다. 전기 조명이 우리 삶에 온갖 유익을 주는 건 사실이나 인공조명은 좋은 밤잠을 괴롭히는 적이다. 아직 우리 몸은 집 안과 바깥 환경 곳곳에 존재하는 수많은 인공조명에 적응하고 이에 맞춰 진화할 만큼 충분한 시간을 보내지 못했다. 암막 커튼으로 외부 조명을 차단하거나 수면 마스크를 착용해보자.

2. 소음을 줄인다. 밤중에 들리는 시끄러운 소리(대도시에 거주하면 더욱 두드러지는 방해 요소)는 잠을 깨우지는 않아도 수면을 방해할 수는 있다. 귀마개를 꽂거나 선풍기 또는 백색소음 기계로 이런 소음을 차단하는 편을 고려하라.

3. 실내 온도가 좋은 밤잠을 유도하는지 확인한다. 시원한 환경 속에서 자면 좋은 밤잠을 누리는 데 매우 유익하다. 유명한 불면증 치료 중에는 '수동적으로 체온 높이기Passive body heating' 라는 방법도 있다. 이는 취침 한두 시간 전에 따뜻한 물에 목욕함으로써 심부 체온(Core body temperature, 뇌, 심장 등 신체 내부 장기의 온도—옮긴이)을 높이는 방법이다. (따뜻한 목욕 후에 열을 식히면서) 체온이 변하면 졸음이 온다. 체온을 떨어뜨리는 데 많은 에너지를 소모하기 때문이다. 덕분에 많은 사람이 이를 야간 이완 의식으로 활용한다. 얼음장 같이 차가운 물에 목욕할 때도 같은 효과가 나타난다. 목욕할 때의 차가운 온도에서 다시 심부 체온으로 돌아가기 위해 에너지를 쓴 결과 졸음이 오기 때문이다.

4. 편안한 매트리스를 사용한다. 이 점은 아무리 강조해도 지나치지 않다. 굳이 거금을 들여 최근에 나온 최고급 매트리스를 살 필요는 없다. 하지만 우리 몸은 하나뿐이며 살면서 매트리스 위에서 보내는 시간을 생각해보면 충분히 큰돈을 들일 가치가 있다.

부족한 수면에 (일시적으로) 대처하는 방법

우리는 어떤 방법이 '효과적이다' 또는 '더 생산적이다'라는 식의 표현을 지양하고 있다. 필요한 만큼 못 잤을 때 할 수 있는 거라곤 적절히 대처하는 것이 최선이기 때문이다.

많은 사람이 하루에 6시간, 심지어 5시간만 자도 버틸 수 있다고 생각하지만 실제로 대다수 사람은 그렇지 않다. 모두가 잠이 좀 부족해도 그럭저럭 버티긴 하겠지만(이제 막 부모가 된 사람들은 늘 그렇게 산다), 잠을 덜 자면서 자신의 최고 역량을 발휘하도록 단련할 수는 없다.

> "솔직히 말해 저는 하루를 끝낼 무렵에는 보통 몹시 지쳐 있습니다. 책을 읽으면 금세 잠에 빠질 수 있죠."
>
> — 제프 레이더Jeff Raider, 해리스Harry's 공동 창업자

대다수 사람은 하룻밤에 7~9시간을 자야 한다. 이 책의 출간을 앞두고 모닝루틴에 관해 우리와 인터뷰했던 수백 명의 평균 수면 시간을 계산해보니 7시간 20분이었다. 7시간보다 적은 수면 시간을 고수하면서 하루하루 버티려고 한다면 조만간 그 여파가 분명히 나타날 것이다.

한편, 5~6시간 자면서도 완벽하게 자신의 기능을 발휘하는 사람들도 있긴 있다(이들은 '짧은 수면을 취하는 사람들'로 구분한다.).

하지만 그 수가 매우 적기 때문에 자신이 이 범주에 속한다고 생각하더라도 그렇지 않을 확률이 매우 높다고 자신 있게 말할 수 있다.

물론 때때로 우리는 7~9시간(이는 평균치라는 점을 기억하자. 사람에 따라 이보다 더 길게 잘 수도 있다.)이라는 최적의 수면 시간을 채우지 못하는 것이 사실이다. 이 경우 짧은 낮잠으로 부족한 수면을 보충하자. 아래 두 가지 유형의 낮잠을 권한다.

1. **파워 냅(Power nap. 10~20분)**: 10~20분간 눈을 붙이는 파워 냅은 낮잠을 이용해 최고의 효율을 끌어내기 위해 의도적으로 낮잠을 자는 것을 말한다. 호주 플린더스대학교의 심리학 교수인 리온 랙Leon Lack 박사는 이런 낮잠이 "들인 노력에 비해 효과가 아주 크다."라고 했다. 파워 냅 동안에는 2단계 얕은 수면(1단계는 잠들기 시작하는 수면)에 머물러 있는데 이때는 비렘(Non-rapid eye movement/NREM, 꿈꿀 때와 같은 급속 안구 활동이 없는 시기―옮긴이) 수면을 잠깐 거치게 된다. 파워 냅에서 깨어나면 기민하고 활력이 넘치는 기분을 느끼면서 정말 잠들었던 것인지 확실히 모를 때가 많다.

2. **전체 수면 주기를 거치는 낮잠(90분)**: 90분 낮잠 또는 전체 수면 주기 1회를 거치는 낮잠은 잠이 모자란 듯할 때 이를 보충하

는 데 유익하다. 특히 오후 1시~3시 사이에 낮잠을 자면 더욱 좋다. 전체 주기 낮잠 동안에는 2단계(얕은 수면, 비렘)를 시작으로 3단계, 4단계(깊은 서파 수면)를 거쳐 꿈을 꾸는 급속 안구 운동(렘) 수면까지 모든 수면 단계를 경험한다. 그러고 나서 다시 거꾸로 수면 주기를 거쳐 2단계까지 오는데, 이 지점에서 알람 소리를 들을 수 있도록 알람은 90분 후로 맞춰둔다. 그래야 잠에서 깬 뒤 정신이 혼미한 상태(그리고 다시 잠들고 싶은 필사적인 욕구)인 수면 관성sleep inertia을 피할 수 있다.

취침 전에는 카페인 피하기

우리를 포함해 수많은 사람이 오후 늦게 커피, 차, 에너지 드링크 등 카페인이 함유된 음료를 마시는 탓에 쉽게 밤잠을 이루지 못한다. 그렇게 다음 날 일어나면 부족한 잠 때문에 피로감을 느껴 즉시 음료를 또 한 잔 마시면서 같은 주기를 반복한다. 직업 코치인 멜로디 월딩은 이렇게 말했다. "지친 몸에 카페인이라는 밴드를 붙인 거죠."

우리도 누구 못지않게 커피와 차를 즐기지만 오후의 어느 시점 이후로는 이런 음료를 마시지 않는 편이 유익하다는 것을 체험을 통해 알게 되었다.

저녁이나 취침 직전에 따뜻한 음료를 먹고 싶다면 카페인이 없는 다양한 허브차 종류를 마셔보자. 이런 차들은 카페인 음료처럼 각성 상태를 유지시키지 않을뿐더러 오히려 잠드는 데 필요한 것을 제공해줄 수 있다.

침실에서 전자 기기 몰아내기

청색광(휴대전화, 태블릿, 컴퓨터 스크린에서 나오는 불빛)은 사람의 생체 시계 리듬을 바꿔놓는다. 멜라토닌(Melatonin, 수면을 유도하는 호르몬—옮긴이)의 생산을 막고, 자는 동안 서서히 움직임을 줄여 덜 활동해야 할 뇌 영역을 계속 활성화시키고 반응 횟수를 높여 계속 깨어 있게 만들기 때문이다.

청색광은 수면에 너무 해로운 나머지 '청색광 테라피'라는 치료법이 있을 정도다. 이 치료는 (겨울철 우울증이라고도 알려진) 계절성 정동 장애Seasonal affective disorder를 앓는 사람들이 매일 몇 차례씩 빛이 비치는 상자 앞에 앉아 있음으로써 활기를 되찾도록 돕는 것을 말한다. 현재 대다수 기기에 청색광 필터를 부착해서 사용할 수 있지만, 이는 말 그대로 '필터' 역할만 하므로 기기에서 나오는 청색광의 양을 줄여줄 뿐 없애주지는 않는다.

잠들기 직전에 침대에 앉아 휴대전화로 이메일이나 소셜 미디어를 확인하고 일어나자마자 같은 행동을 반복하는 대신, 이 시간을 독서(소설 또는 그 외 일과 무관한 모든 책)에 할애해보자. 거의 알람이나 다름없는 휴대전화를 다른 방에 치워두면 어떻게 일어날지 염려된다면, 주어진 상황을 그대로 받아들이고 자연스럽게 깨어나는 것의 유익을 체험해보라. 아날로그식 알람시계를 구입하는 것도 좋다. 벤자민의 아내는 지난해 벤자민의 생일에 아날로그 알람시계를 선물했다. 이후 두 사람의 휴대전화는 침실 밖에서 밤을 보냈다.

주말에 수면 보충하기

올바른 수면 일정에 몸이 적응하도록 날마다 필요한 양의 수면을 취하려고 애쓰는 것이 바람직하지만 그러지 못할 때도 있다. 기술 관련 저술가인 벤 브룩스Ben Brooks는 이렇게 말했다. "일하지 않는 주말에는 오전 내내 아이들과 시간을 보냅니다. 따로 계획이 있는 날에는 제가 먼저 일어나지만 그렇지 않을 때는 한시간 정도 더 자는 편입니다."

모닝루틴을 완수하기 위해 주말에도 일찍 일어나는 것이 부족한 수면을 감수할 만큼 가치가 있는지는 스스로 결정해야 한다.

저술가인 존 에이커프Jon Acuff의 말은 마음속에 새겨둘 만하다. "운동을 안 했거나 숙면을 취하지 못한 날은 의욕도 떨어지고 스트레스도 더 잘 받는 기분입니다. 잠은 정말 중요합니다. '잠은 죽고 나서도 많이 잘 수 있으니 날마다 부지런히 움직여라'라고 말하는 어리석은 기업가들이 정말 많은데요. 이것은 성공의 비결이 아니라 번아웃과 이혼을 부르는 주문입니다. 휴식이야말로 부지런히 챙겨야 할 중요한 부분입니다. 바쁜 삶을 찬

양하는 세상 속에서 휴식은 용기 있는 행동이라고 말하고 싶습니다."

뒤집어 생각하기
충분히 자는 것에 대해서는 뒤집어 생각할 것이 없다.

7장

아이와 함께하는 부모의 아침

내 모닝루틴에 아기가 들어왔다!

적응 안 돼!
베이비 모닝루틴!

아이가 있어도 모닝루틴은 소중하다. 부모가 아닌 사람들에게도 이번 장은 재미있을 것이다. 여기서 언급하는 많은 내용은 아이가 없는 사람의 바쁜 아침에도 적용할 수 있기 때문이다.

이 장에는 부모들의 이야기를 담았다. 매번 눈앞에 닥치는 문제를 해결하려고 애쓰고, 시시때때로 변하는 자녀와 가족의 요구 사항에 맞춰 자신의 루틴을 조정하는 사람들의 이야기다.

트위터 공동 창업자인 비즈 스톤Biz Stone이 아들과 노는 것을 아침에 해야 할 가장 중요한 일로 꼽은 이유를 들어보고, 저술가이자 언론인인 닉 빌튼Nick Bilton은 걸음마 아기를 쫓아다니는 일이 운동 루틴으로 자리 잡았다는 이야기도 들려준다. 총 6명의 유명인이 부모로서의 모닝루틴을 공유해주었다.

원래 모닝루틴은 가장 중요한
존재를 위해 쓰는 것

밥 퍼거슨Bob Ferguson
워싱턴주 법무장관

어떤 모닝루틴을 갖고 있나요?

저는 새벽 5시에서 6시 반 사이에 일어납니다. 루틴은 간단합니다. 우선 잠깐이나마 저만의 시간을 갖습니다. 아침 식사, 커피, 아침 뉴스가 주를 이루죠. 그런 다음 아홉 살짜리 쌍둥이인 잭과 케이티, 그리고 아내 콜린을 깨운 뒤에 두 아이 등교를 준비시키고 배웅합니다.

쌍둥이들은 시계처럼 매일 아침 7시 반에 일어납니다. 저는 아침에 아이들을 직접 깨워주길 좋아합니다. 케이티는 미소를 띠며 곧장 일어나지만, 잭은 케이티보다 더 노력을 기울여야 합니다. 콜린과 저는 아이들 아침 식사를 준비하며 대화를 나눕니다. 잭이 일어날 때까지 케이티, 콜린, 제가 대화를 나눌 때가 많습니다. 아이들은 아침을 먹으면서 책 읽기를 좋아합니다. 저는 하루를 어떻게 시작하느냐가 정말 중요하다고 믿습니다. 직장에서는 회의가 길어지거나 다른 일들이 생기기 쉬워서 퇴근 후 아이들과 충분한 시간을 보내리라는 보장이 없습니다. 이를 고려해 아침에 아이들과 함께하는 시간을 꼭 갖는 거죠.

아이들이 없을 땐 아침 시간을 저를 위해 썼지만 지금은 고스란히 아이들에게 들이고 있습니다. 가장 중요한 존재에게 아침 시간을 할애한다는 면에서 모닝루틴은 이어지고 있군요.

수월한 아침을 보내기 위해 전날 밤에 하는 일이 있나요?

집에서 아이들과 있으려고 오전 회의는 되도록 피합니다. 아침 일찍 회의가 있으면 전날 밤에 복장과 필수품을 전부 꺼내 놓습니다. 그러면 아무도 깨우지 않고 조용히 나올 수 있거든요.

아침에 일어나자마자 이메일에 답변하나요?

뉴스를 보려고 일찍부터 휴대전화를 확인하기도 하지만, 가능한 한 오전에는 이메일에 답변하지 않으려고 노력합니다. 이른 아침은 가족과 저만의 시간이니까요.

주말에도 이 루틴을 따르나요?

잭과 콜린은 늦잠을 잘 때도 있지만 케이티는 아침형 인간입니다. 주말 아침이면 종종 케이티와 둘만의 시간을 갖죠. 제가 케이티 방에 가서 잭이 일어날 때까지 케이티에게 책을 읽어줍니다. 그러다가 잭이 일어나면 잭의 방으로 가서 잠시 책을 읽어주고, 그러다 보면 자연스럽게 온 식구의 하루가 시작됩니다.

모닝루틴이 무너졌다면
새로 만들 수 있을 때까지 즐기자

제이미 모레아Jamie Morea

하이퍼바이오틱스Hyperbiotics, **발렌티아 스킨케어**Valentia Skin Care **공동 창업자**

어떤 모닝루틴을 갖고 있나요?

모닝루틴에 관해 답하기 전에 이 기회를 빌려 한 가지 간단한 사실부터 말씀드려야겠습니다. 현재 저는 모유 수유를 하고 밤이면 걸음마 아기와 함께 자는 엄마로서, 제가 지키려는 거의 모든 루틴이 무너지는 것을 매우 기쁜 마음으로 목격하는 중입니다. 그럼 첫 번째 질문에 대한 답변으로 들어가죠. 밤을 무사히 넘기고 기쁜 아침을 맞이한 날은 아침 7시 반쯤 일어납니다. 제 아들이 젖을 먹고 제 품에 안긴 상태에서 아침을 시작하기 좋아하기 때문에 보통 침대에서 얼마간 함께 누워 있습니다. 덕분에 천천히 정신을 차리게 되죠. 그러다가 저의 사랑스러운 꼬마 독재자는 갑자기 지루해하며 놀고 싶어 합니다. 보통은 반려견 애니를 부르고는 밖에 나가고 싶어 합니다.

이때쯤 저의 구세주인 남편은 저를 위해 수제 아몬드 우유와 MCT 오일(Medium-chain triglyceride oil, 중사슬 지방산 오일로 쉽게 분해되어 에너지로 연소되는 특징이 있음—옮긴이)을 넣어 스위스 워터 프로세스 디카페인 커피를 만들기 시작합니다. 최근에 저는 알칼리성 위주의 식단을 지키려고 카페인을 섭취하던 습관을 끊었는데, 파블로프 조건화[6] 때문인지 커피처럼 보이거나 커피 향이 나는 음료만 마셔도 효과를 봅니다.

남편과 아기가 밖에 나가 노는 완벽한 날이면 슬그머니 위층 으로 가서 간단하게 명상과 요가를 합니다.

부모가 되고 보니 유연한 태도로 그날그날 제 손에 든 카드를 최대한 활용할 수밖에 없더군요. 전에는 8~9시간 자고 일어나 매일 요가, 명상, 일기 쓰기를 하며 하루를 열곤 했습니다. 머릿 속을 깨끗이 비우면서 그날의 마음가짐을 다잡고, 심지어 과감 하게 한껏 외모를 꾸미기도 했죠. 실제로 머리를 다듬고 옷을 고 르면서 시간을 보내곤 했습니다. 지금은 어림없죠! 모든 아이가 자기만의 개성을 타고나는데 우리 아이는 확실히 수동적이고 순 한 성격은 아닙니다. 저는 강하고 불같은 성격을 가진 우리 아들 을 잘 보듬고 키우기 위해 말 그대로 저의 삶을 통째로 조정했습 니다. 언젠가 아이가 제 손을 덜 타는 날이 오면 지금보다는 체 계적인 저만의 이상적인 예전 생활로 돌아갈 수 있겠죠.

---

[6]   파블로프 조건화 또는 고전적 조건화 이론은 1890년대 러시아 물리학자인 이 반 파블로프Ivan Pavlov가 우연히 발견했다. 당시 파블로프는 개의 소화 과정에 서 침이 하는 역할을 연구하던 중, 연구실에 있던 개가 눈앞에 먹이가 없더라 도 먹이를 받을 거라고 기대하면 침을 흘린다는 것을 알게 되었다.

지금은 지금 나름대로 내면에서 나오는 아름다움을 느끼며 만족하고 있습니다. 요즘 우리는 그때그때 상황에 맞추어 행동하면서 우리 앞에 떨어지는 수많은 레몬을 맛있는 레모네이드로 만들어내는 중입니다.

일어나서 얼마 만에 아침 식사를 하나요?

간헐적 단식이 장 건강에 미치는 효과를 알고부터 간헐적 단식의 팬이 되었습니다. 그때부터 저녁 식사 후 아침에 무언가를 입에 대기 전까지 최대한 긴 시간을 보내려고 노력하죠. 보통은 12시간 단식을 너끈히 해내고, 가끔은 15시간까지 아무것도 입에 대지 않습니다.

아침 명상 루틴도 있나요?

저는 베다 명상을 수행합니다. 몇 년 전에 한 수업을 듣고 수행법을 익힌 뒤로 제 삶이 완전히 달라졌습니다. 더없이 차분하고 고요하고 명료한 상태에 들어가는 것은 우리 모두가 얻을 수 있는 어마어마한 능력입니다.

아침에 해야 할 가장 중요한 일은 무엇인가요?

일과를 완벽하게 마칠 수 있도록 남편과 가사를 분담하는 것입니다. 보통 누가 더 피곤한지 고려해서 정합니다.

실패할 때는 어떻게 하나요?

전에는 제가 바라는 대로 하루를 열지 못하면 견딜 수가 없었습니다. 지금은 이를 선물로 생각하려고 최선을 다합니다. 컨디션이 평소 같지 않아 겨우겨우 중심을 잡는 날이면 오히려 기분 좋게 놀랄 일들이 쏟아지더라고요.

우리 꼬마를 챙기느라 새벽 4시에 깨어날 때, 좌절감에 휩싸이기보다는 엄마가 된다는 것이 얼마나 아름다운 일인지에 더 마음을 두죠. 이 조그맣고 귀한 아이가 몇 년 동안 제게 온전히 의지한다는 것을 영광스럽게 여깁니다.

비즈 스톤Biz Stone
트위터 및 웹 서비스 미디엄Medium 공동 창업자

어떤 모닝루틴을 갖고 있나요?

아침 6시 반이나 7시가 되면 다섯 살배기 아들 제이크가 저를 깨웁니다. 가장 먼저 하는 일이 제이크와 놀아주는 거죠. 몇 년 간 우리의 주된 놀이는 레고였는데 최근에 제이크가 아이패드용 게임인 마인크래프트를 발견했습니다. 근거리 통신망Local Area Network, LAN으로 함께 게임을 할 수 있기에 제이크와 저 단둘이서 게임을 즐길 수 있습니다. 때로는 창의적인 놀이를 하기도 합니다. 이런 놀이는 나쁜 일이 발생할 일도 전혀 없고 주어진 것으로 멋진 것들을 만들어낼 수 있죠.

한 시간 정도 아들과 놀고 나서 옷을 차려입습니다. 유니폼처럼 입는 옷이 있어서 옷 입는 데 거의 시간이 들지 않습니다. 청바지, 검은색 티셔츠, 파란색 컨버스 운동화를 매일 착용하기 때문에 복장을 고르는 데 전혀 시간이 들지 않죠. 제이크가 옷 입는 것도 도와줍니다. 옷을 다 입고 나면 아내가 종종 간단하고 가벼운 아침 식사(때로는 오트밀과 과일, 때로는 아보카도를 곁들인 토스트)를 만들어줍니다. 아침을 먹고 나서 제이크를 학교에 데려다준 뒤 회사로 향합니다.

이 루틴을 얼마나 지켜왔나요? 달라진 것은 없나요?

제이크가 태어난 후로는 늘 일어나자마자 아들과 놀아주었습니다. 아이가 생긴 이후로 저의 루틴은 거의 변한 것이 없습니다.

알람에 맞춰 일어나나요?

제 아들이 알람이라서 따로 알람을 사용하지는 않습니다. 대체로 매일 같은 시간이 되면 자연스럽게 일어나게 됩니다. 여행할 일이 있어서 꼭두새벽에 일어나 공항에 가야 할 때만 알람을 사용합니다.

아침 명상 루틴도 있나요?

일어나면 곧장 일과를 시작합니다. 명상은 없죠. 아들과 놀아주는 것도 일종의 명상이라고 할 수 있지 않을까 생각해봅니다.

휴대전화는 언제 확인하나요?

아침에는 휴대전화를 확인하지 않습니다. 전원을 끈 뒤 제가 잊어버리지 않도록 열쇠, 지갑과 함께 현관 근처 선반에 올려둡니다. 중요한 뉴스거리를 놓치지 않기 위해 때때로 아침 식사 후에 5분 정도 아이패드를 보려고 노력합니다.

아침에 제일 처음 마시는 것은 무엇이며 언제 마시나요?

가장 먼저 큰 병에 물을 가득 채워서 다 마십니다. 모든 사람이 필요한 만큼 수분을 섭취하지 못하고 있다는 의사의 말을 듣고는 몇 년 전부터 이렇게 해왔습니다. 물을 마신 뒤에는 커피를 마십니다.

밖에서 머물 때는 어떻게 하나요?

출장 때문에 호텔에서 아침을 맞이할 때는 루틴이 통째로 어긋나서 어찌해야 할지 모릅니다. 이럴 때는 계획을 세워 그대로 지키자고 스스로 다짐합니다. 그렇지 않으면 갈피를 잡지 못하니까요.

실패할 때는 어떻게 하나요?

아침에 아들과 놀아줄 기회를 누리지 못하면 결코 되돌릴 수 없는 무언가를 놓친 듯한 기분이 듭니다. 아침에 일어나 '회사 임원'이라는 옷을 입기 전에 잠깐 다섯 살배기의 마음을 가져본다는 것은 정말 기분 좋은 일입니다.

걸음마 아기라면 사랑으로 루틴을 채우자

에밀리 슈만Emily Schuman
컵케이크 앤드 캐시미어 Cupcakes and Cashmere **창업자**

어떤 모닝루틴을 갖고 있나요?

매일 아침 오전 6시쯤 일어납니다. 꼭두새벽부터 비행기를 탈 일이 없다면 절대 알람은 사용하지 않습니다.

남편에게 아침 인사를 하고 나서 이메일을 확인합니다. 전에는 소셜 미디어 채널에 들어가곤 했는데, 그렇게 하면 가만히 현재에 머무르는 대신 30분을 훌쩍 넘기게 되더군요. 자리에서 일어나 세수한 뒤에 세럼, 로션, 선크림을 바르고 양치합니다. 그런 다음 요가 바지와 땀복을 입고 두 살 난 저의 딸 슬론의 방으로 갑니다. 슬론은 오전 6시와 7시 사이에 아무 때나 일어나기 때문에 분명 저의 일정을 어느 정도 좌우한다고 할 수 있죠. 슬론은 침대에서 나오기 전에 그 자리에서 얼마간 머무르기를 좋아하기 때문에 아이 방에서 잠깐 놀아줍니다. 슬론이 요람에 누워 있는 동안 책을 한두 권 읽어줄 때도 있습니다. 그런 다음 옷을 입히고 아침 식사를 만들어주죠. 전에는 제가 먹고 싶은 대로 슬론에게도 비슷하게 먹였는데, 언젠가 아이들은 다양한 것을 좋아한다는 사실을 깨닫게 되었습니다. 이를 염두에 두고 요거트를 곁들인 와플 하나를 준비하고, 과일도 좀 썰고, 치리오스Cheerios 시리얼도 함께 내놓습니다.

슬론이 아침을 먹고 나면 음악을 틀어놓고 슬론의 장난감 부엌에서 놀아줍니다. 최근에는 애니메이션《모아나Moana》의 사운드트랙 틀었네요. 주로 아침에는 이렇게 '쿠키', '파스타', '수프'를 만들며 노는데, 가끔은 그림을 그리거나 플레이도우(Play-Doh, 어린이용 공예 점토—옮긴이)를 꺼내기도 합니다. 8시 반에 유모가 오면 제 방으로 돌아가 화장하고, 양치하고, 옷을 차려입습니다. 그런 다음 슬론에게 뽀뽀를 해주고 문밖으로 나섭니다.

이 루틴을 얼마나 지켜왔나요? 달라진 것은 없나요?

이 루틴을 따른 지 1년 반 정도 되었습니다. 늘 일찍 일어나긴 했지만 아이가 생기면서 확실히 초점이 바뀌었습니다. 전에는 루틴 위주가 아니라 훨씬 더 흘러가는 대로 아침 시간을 보냈습니다. 하지만 아이들은 루틴이 있어야 활발하게 잘 지내거든요. 알고 보니 저도 그랬습니다. 좋은 변화가 생긴 거죠. 슬론이 유치원에 들어가면서 아침에 함께 책 읽고 놀 시간이 줄어들긴 했지만, 여전히 집을 나서기 전에 고요하고 행복한 분위기를 누리려고 노력합니다.

수월한 아침을 보내기 위해 전날 밤에 하는 일이 있나요?

운동 수업에 가는 날에는 미리 운동복을 꺼내 놓습니다. 목표는 주 2회죠. 그러면 오전 7시 전에는 아무런 의사결정을 내리지 않아도 되거든요. 운동이 없다면 오트밀이나 그래놀라(Granola, 곡물과 말린 과일, 견과 등을 섞은 시리얼 ─ 옮긴이)를 한가득 만들어 놓습니다. 그러면 따로 아침 식사를 만들 필요가 없죠.

알람을 사용하지 않는 이유를 자세히 설명해줄 수 있나요?

저는 평생 아침형 인간으로 살아왔습니다. 집집마다 유선 전화를 사용하던 우리 어린 시절에는 친구들의 부모님께서 전화해도 되는 시간을 제게 일러주시곤 했습니다. 그렇지 않으면 저 때문에 새벽 5시 반에도 전화벨이 울려댔을 테니까요. 드문 일이지만 알람을 듣고 일어나야 할 때는 절대로 스누즈 버튼을 누르지 않습니다. 한 번도 누른 적이 없는 것 같아요. 더 자고 싶지 않은 것은 아닙니다. 다만 다시 잠들었다가 애초에 일찍 일어나야 했던 목적을 놓치게 될까 봐 두려운 마음이 더 큽니다.

아침에 해야 할 가장 중요한 일은 무엇인가요?

슬론이 잘 먹고, 제가 헌신적으로 사랑과 시간과 관심을 쏟았다는 것을 슬론이 느끼게끔 만드는 것입니다. 커피도 꼭 마십니다.

파트너는 그런 루틴에 어떻게 맞춰 주나요?

남편과 저는 각자 요일을 정해놓고 아침에 슬론을 돌봐줍니다. 제가 슬론을 보는 날이면 남편은 자기가 원하는 것을 할 수 있죠. 때로는 우리와 놀아주기도 하고 침대에 머물러 있기도 하지만, 대체로 시간 맞춰 헬스장에 가서 새벽 수업에 참여합니다.

주말에도 이 루틴을 따르나요?

남편도 저도 원래 늦잠을 자는 체질이 아니라서 그동안 평일과 주말이 크게 다르지는 않습니다. 유모가 오지 않는 주말은 우리 가족이 모험에 나서는 날이기도 합니다. 보통 평일에 유모가 집에 도착하는 시간에 집을 나섭니다.

실패할 때는 어떻게 하나요?

몇 주 전, 남편이 슬론을 봐주는 날이었습니다. 저는 5시 반에 일어나 침대에서 책을 읽기 시작했는데 어쩌다 보니 다시 잠들어 8시 20분까지 자버렸습니다. 큰 호강이라도 누린 기분을 느꼈습니다. 비록 남은 오전 시간을 서둘러 보내긴 했지만요. 꽤 괜찮았습니다!

아만다 헤서Amanda Hesser
Food52 CEO, 요리책 저술가

어떤 모닝루틴을 갖고 있나요?

저는 어떤 알람이 있어도 세상모르고 자기 때문에 제 남편 타드가 친절하게 저를 깨워줍니다. 보통 아침 6시 45분쯤 일어납니다. 느릿느릿 천천히 정신이 들기 때문에 벌떡 일어나 침대에서 나오지는 못합니다.

마침내 두 눈을 뜹니다. 눈꺼풀이 어찌나 무거운지 5~10분이 걸리죠. 그러고 나면 휴대전화로 뉴스를 읽으며 두뇌를 움직이기 시작합니다. 겨우 침대에서 몸을 일으킨 다음, 보통 제가 일어났는지 확인하러 방에 들어오는 타드의 발걸음 소리가 들릴 때에 큰 컵으로 물을 한 잔 마십니다. 이렇게 하면 몸의 감각도 깨어나거든요. 또한 잠자는 동안 생긴 불순물도 싹 씻겨 나간다고 믿어 왔습니다.

타드는 열 살짜리 쌍둥이에게 아침을 만들어주고, 아이들이 밥 먹는 동안 큰 소리로 책을 읽어줍니다. 저는 보통 이때쯤 느릿느릿 주방으로 걸어가죠. 아이들 점심 도시락을 싸면서 남편이 읽어주는 이야기를 듣습니다. 요즘은 《반지의 제왕Lord of the

Rings》을 읽어주더군요. 도시락 준비가 끝나면 5~10분 정도 요가를 하고 나서 매우 뜨거운 물에 샤워합니다. 대체로 마지막 15분 동안에는 시간에 쫓겨 가방과 선글라스를 대충 챙겨서 아이들을 데리고 허둥지둥 문밖을 나섭니다.

몇 시에 잠자리에 드나요?

전에는 알아주는 올빼미족이었습니다. 이른 시간에는 영 능률이 오르지 않다가 밤 11시만 되면 그때부터 발동이 걸려 새벽 2시까지 신나게 일하곤 했죠. 이 때문에 아침 시간이 무척이나 힘들었습니다.

그러던 생활이 느닷없이 급격하게 바뀐 것은 3년 전쯤이었습니다. 좋은 밤잠을 이루지 못하면 회복력이 크게 떨어지고 금세 피로해진다는 것을 알게 된 거죠. 당연히 처음에는 제가 죽어 간다고 생각했다가 점차 시간이 지나면서 저의 생체 시계에 관심을 두게 되었습니다. 그러자 훨씬 건강한 수면 패턴을 따를 수밖에 없었습니다. 지금은 밤 10시나 10시 반이면 침대에 누워 11시에 잠이 듭니다.

수월한 아침을 보내기 위해 전날 밤에 하는 일이 있나요?

타드는 제가 저녁에 하는 행동을 보고 저를 놀리곤 합니다. 정말 오래된 습관은 버리기 어렵더군요. 어릴 때부터 학교 가기 전날 밤에 복장을 미리 골라두었는데 지금도 그렇게 하고 있습니다! 속옷부터 장신구까지 전부 꺼내 놓죠. 가방과 지갑까지 챙겨둡니다. 이 의식을 거치고 나면 잠자기 전에 마음이 차분해집니다.

이 외에 주방이 깔끔하게 다음 날을 맞이할 준비가 되었는지도 확인합니다. 아침에 지저분한 주방에 들어가는 것만큼 우울한 일도 없거든요.

일어나서 얼마 만에 아침 식사를 하나요?

곧장 사무실로 갈 때는 두유를 넣은 디카페인 커피와 크로와상을 주문해 갑니다.

저는 오찬 회의보다 조찬 회의를 선호하므로 누군가와 아침 식사를 함께할 때면 수란 2개, 버터를 바른 토스트, 오렌지 주스, 커피를 주문합니다. 아침 메뉴로는 맛이 강하지 않고 몸에 좋은 음식을 선호합니다. 점심과 저녁에는 색다른 메뉴를 선택합니다.

아기와 반려견의 관계 루틴을 만들어주자

닉 빌튼Nick Bilton
잡지《배너티페어Vanity Fair》 특파원, 《아메리칸 킹핀American Kingpin》 저자

어떤 모닝루틴을 갖고 있나요?

저의 모닝루틴은 두 가지입니다. 아이가 생기기 전의 루틴과 아이가 태어난 뒤의 루틴이죠.

아이들이 생기기 전에는 고상한 루틴을 따랐습니다. 현재 2세가 되지 않은 아이가 둘이죠. 아침 6시쯤 일어나 반려견 밥을 챙겨주고, 커피를 내린 다음 오래된 후드 티를 입고 서재에 앉아 책을 읽거나, 집필을 하거나, 두 가지 활동을 다 할 때도 있었습니다. 책을 집필하거나 잡지에 실을 큰 기사를 쓸 때는 와이파이도 끄고 휴대전화도 비행기 모드로 해놓고 일하는 편입니다. 그러면 수신함에 새 편지가 쌓이는 것도 보지 않고, 사소한 알림 때문에 갑자기 놀랄 필요도 없거든요. 인터넷을 하면 주의가 산만해지므로 글을 쓰다가 뭔가 알아보고 싶은 것이 생기면 나중에 찾아봅니다. 보통 이쯤 되었을 때 커피를 한 잔 더 가져옵니다. 아침에 아무런 방해 없이 서재에 혼자 있으면, 하루의 첫 두 시간 동안 쓰는 양이 이후 12시간 내내 쓰는 것보다

많다는 것도 알게 되었습니다. 8시 반쯤 아내가 일어나면 침대에 있는 아내에게 커피를 가져다주고 반려견과 함께 산책에 나섭니다.

아이가 생기자 모든 것이 바뀌었습니다. 이제 두 번째 루틴을 따르죠. 일단 새벽 5시 반에 일어납니다. 대개는 두 살 된 우리 아이가 "아빠!", "아래층!", "만화!", "계란!" 하고 소리치는 것을 듣고 아이 방으로 불려가죠. 다행히 저는 잠이 많은 편은 아니라서 5시간만 자도 버틸 수 있지만, 아내와 저는 밤에도 몇 번씩 예사로 깨어나기 때문에 이 시간이면 두 눈이 꽤 침침합니다. 게다가 걸음마 아기와 반려견이 서로를 해치지 않도록 보호하고, 아기가 해로운 행동을 하지 않도록 지키고, 아침도 준비하고, 커피도 몇 잔씩 마시고, 자기가 링 위의 프로레슬링 선수인 양 소리를 지르며 집과 마당을 휘젓고 다니는 아들을 쫓아다니다 보면 정신이 없습니다. 이 혼란을 멈추는 방법은 반려견과 함께 온 가족이 산책에 나서는 것입니다. 요새 제가 새롭게 좋아하게 된 일과입니다. 운이 좋다면 유모가 도착하는 오전 9시 반쯤부터 집필에 들어갈 수 있습니다. 하지만 여전히 집 안이 정신없이 돌아가는 통에 결국에는 집에서 나와 커피숍에 가서 일할 때도 많습니다.

첫 번째 루틴은 수년간 지켜왔습니다. 《배너티페어》의 특파원이 되기 전에는 《뉴욕타임스》의 리포터와 칼럼니스트로 활동하는 동시에 책도 썼습니다. 이때는 아침 6시에 일어나서 첫 2~3시간 동안은 책을 쓴 다음, 책 작업을 정리해두고 《뉴욕타임스》 일을 시작했다가 저녁에는 다시 책 원고를 편집한 뒤 잠자리에 들었습니다.

새 루틴을 따른 지는 정확히 2년 되었네요. 아이들이 더 크면 결국 두 루틴이 섞이기 시작할 거라고 봅니다. 하지만 그때가 되려면 시간이 좀 더 지나야겠죠.

아이들이 없던 시절에 따르던 모닝루틴은 잔잔한 호수 위에서 고풍스러운 옛날식 배에 올라탄 장면과도 같았습니다. 여름날 오후, 산들바람이 나무를 스치고 그 사이사이로 새들이 날아다니는 모습이 상상되죠. 이에 비해 아이가 생긴 뒤의 루틴은 대양 한가운데를 지나가는 거대한 화물선 위에 탄 것과 같습니다. 북동쪽 저 멀리 소용돌이가 일어나 바다 한가운데 집채만한 파도가 일어나는 모습이 그려집니다. 솔직히 저는 둘 다 마음에 듭니다. 매우, 매우 다른 아침일 뿐이죠.

몇 시에 잠자리에 드나요?

밤 10시 반이나 11시에 침대에 올라가 잠시 휴대전화로 뭔가를 읽고 30분 정도 있다가 잠을 청합니다. 나쁜 습관이죠. 전혀 과장 없이 정말 베개에 머리를 대는 순간 몇 초도 안 되어 곯아떨어집니다.

알람에 맞춰 일어나나요?

아니오. 제게는 새벽 5시 반이면 잠에서 깨는 인간 알람시계가 있습니다. 혹시라도 그 인간 알람시계가 드물게도 늦잠을 자는 날에는 어김없이 아침 6시에 다리가 넷 달린 또 다른 알람시계가 꼬리를 흔들면서 제 얼굴에 젖은 코를 비비며 저를 깨워줍니다.

아침 운동 루틴도 있나요?

네. 이제 막 걷기 시작한 아이를 집 안 구석구석 쫓아다니는 겁니다.

아침에 제일 처음 마시는 것은 무엇이며 언제 마시나요?
블랙커피를 마십니다. 일어나자마자 몇 분 안에 마시죠.

파트너는 그런 루틴에 어떻게 맞춰 주나요?

어린아이가 있다 보니 아내가 밤에 수시로 깨어 아이를 챙깁니다. 그래서 저는 아내에게 쉴 시간을 주려고 노력합니다. 아내가 가까스로 잠을 좀 자고 일어난 날에는 온 가족이 일어나 함께 시간을 보냅니다. 드문 일이지만 그런 날에는 팬케이크를 만들고 산책도 나가죠. 사실 이것이 최고의 모닝루틴입니다.

밖에서 머물 때는 어떻게 하나요?
출장이 있어 호텔에 머물 때는 아이가 없을 때 따르던 모닝루틴으로 돌아가려고 최선을 다합니다. 아침 일찍 일어나 몇 시간 작업을 한 뒤에 하루를 시작하죠.

그 밖에 덧붙이고 싶은 내용이 있나요?
20대 초반에는 루틴을 따분하다고 여겼습니다. 새로운 경험을 꺼리는 사람들이나 루틴을 지킨다고 생각했죠. 그래서 일부러 아침마다 다른 길을 택해 출근하거나 날마다 다른 커피숍에 들렀던 기억이 납니다. 하지만 나이가 들자 서재에 홀로 앉아 글을 쓰든 두 살배기를 쫓아 온 집 안을 돌아다니든 상관없이 모닝루틴을 점점 사랑하게 되었습니다.

나만의 루틴 만들기

부모가 되기 전만 해도 모닝루틴이 있었는데 아이가 찾아오자 그 즉시 공든 탑이 와르르 무너지는 것을 경험해보았을 것이다. 줄리 주는 이렇게 털어놓았다. "아이를 갖기 전에는 아침 시간을 그리 촘촘하게 관리하지 않았습니다. 아이가 생기면 훨씬 더 많은 단계가 생겨납니다."

> "부모의 모닝루틴은 자녀가 없는 사람의 루틴과는 근본적으로 다르다는 사실을 잘 알아야 한다."
>
> — 데이브 아스프리Dave Asprey, 방탄커피 창시자

우리가 연구해보니 데이브 말이 맞았다. 아래 내용은 어린 자녀를 둔 부모가 자신의 모닝루틴을 조절해 원활한 아침을 보내는 데 유익한 방법들이다.

아이들보다 먼저 일어나기

부모도 자기만의 시간이 필요하다. 아이가 태어나 처음 집에 오면 아이를 잘 보살펴야겠다는 일념에 자기 시간을 몽땅 희생할 확률이 높다. 이제 막 부모가 된 사람이라면 누구나 거치는 과정이다. 뉴욕 공영 라디오방송 WNYC의 팟캐스트 진행자이자 저술가인 마누시 조모로디Manoush Zomorodi는 이렇게 말했다. "아이가 생기기 전까지 한 번도 일찍 일어난 적이 없습니다. 아이들이 아주 어릴 때는 아이들이 잘 때마다 저도 자려고 노력했죠. 끊임없이 지쳐 있는데 알람을 맞춰둘 이유가 뭐가 있겠습니까? 지금은 그래도 어느 정도 계획대로 움직일 수 있어서 아이들을 등교시키느라 한바탕 난리를 치르기 전에 무언가를 성취하려고 노력합니다."

모두가 이렇게 할 수는 없다. 자신의 아이가 밤새 얼마나 잘 자는지에 따라 달라질 것이다. 아기를 돌볼 때에는 모닝루틴보다 수면을 우선시하기를 권한다. 그렇지 않으면 수면을 확보하기가 어려울 테니 말이다. 하지만 자신이 아이들보다 일찍 일어날 수 있다면 그렇게 하라.

> "지금 생각하면 아이가 생기기 전의 제 루틴은 너무 사치스러웠습니다! 아들이 깨기 전에 일어나서 제 준비를 완벽히 끝내는 날이면 기분이 날아갈 것 같습니다."
>
> — 로라 로더Laura Roeder, 기업인

아이들보다 먼저 일어나 아무런 방해가 없는 자신만의 아침 시간을 누리자. 아이들의 기상 시간에 자신의 기상 시간을 맞추지 말라. 그렇지 않으면 자기만의 시간을 전혀 갖지 못할 것이다. 자기만의 시간을 보내고 나면 아이들이 깨어났을 때 더 수월하게 아이들을 챙겨줄 수 있다.

자녀의 필요 사항에 맞게 모닝루틴 조절하기

노르웨이 출신 아티스트인 빅토리아 두르낙Victoria Durnak은 이렇게 말했다. "갓난아기가 있을 때는 끊임없이 루틴을 조절해야 합니다. 어떤 루틴을 지키고 있는데 아들이 새로운 기술을 익히거나, 이빨 때문에 신경 쓰거나, 뭔가로 불편해하거나, 다른 것을 필요로 한다면 루틴을 바꿔야 합니다." 이와 비슷한 관점에서 제이미 모레아도 자신의 루틴에 대해 이렇게 말했다. "부모가 되고 보니 유연한 태도로 그날그날 제 손에 든 카드를 최대한 활용할 수밖에 없더군요."

아이들이 커가면서 각자의 일정도 조정해야 할 것이다. 이에 맞추어 자신의 루틴을 조절하라. Food52의 공동 창업자이자 대표인 메릴 스텁스Merrill Stubbs는 시간이 흘러도 바래지 않는 명언을 들려주었다. "결국 관건은 융통성과 예측 불가능성입니다. 특정한 루틴에 너무 얽매일 수는 없습니다. 그러면 뭔가 잘못되었을 때 틀림없이 낙담하고 말거든요. 말하자면 갑자기 똥을 치워야 할 수 있습니다. 말 그대로요."

루틴을 즐기는 아이들

아이들도 성인들처럼 루틴이 있어야 훨훨 날 수 있다. 영유아 자녀와 함께 모닝루틴을 지키는 것은 아이의 발육에도 꼭 필요하고 삶 속에서 느끼는 전반적인 안녕감에도 영향을 미친다.

영유아 자녀와 함께 여행할 때는 최대한 집에서의 루틴에 가깝게 여행 루틴을 지키도록 노력하자. 루틴을 세우고 지키는 것은 중요한 일이다. 아이들이 학교에 가기 시작하면 이를 고마워하게 될 것이다. 아침에 등교를 준비하는 루틴은 자라나는 자녀에게 큰 도움이 될 것이기 때문이다.

메릴 스텁스는 아침에 해야 할 가장 중요한 일에 관해 이렇게 말하기도 했다. "온 가족이 제때 문밖을 나서게 만드는 것이 중요합니다. 저의 아침을 가리키는 가장 적절한 비유는 대포에서 쏘아 올리는 포탄의 모습이 아닌가 싶습니다."

아침에는 전자 기기 멀리하기

말하기는 쉬워도 행동하기는 어려운 제안이다. 하지만 아침에 아이들이 보는 앞에서는 휴대전화나 다른 전자 기기를 확인할 수 없다는 것을 집 안 규칙으로 삼아보자. 잠깐 휴대전화를 확인해야 한다면 문을 닫아놓고 하길 바란다.

"저는 제 아들과 남편이 학교와 직장을 향해 집을 나설 때까지 기다렸다가 휴대전화를 확인하려고 노력합니다. 그러면 아이와 함께 있는 시간에는 아이에게만 집중할 수 있거든요."

— 로빈 디바인Robyn Devine, 기업가

이렇게 하면 아이들 곁에 머물며 좀 더 현재에 집중하게 되어 즐거운 마음으로 아이들과 함께 아침 식사를 만들어 먹을 수 있다. 아이들이 더 자라면 하루를 어떻게 보냈으며 가장 재밌었던 일이 무엇인지 들으면서 즐거운 시간을 보낼 수 있다. 그리고 아이들은 이렇게 부모가 진심으로 함께하며 온전한 관심을 기울여준 순간순간을 잊지 않을 것이다.

매일 아침 제대로 작별 인사하기

종일 자녀와 함께 있지 않을 경우, 진심 어린 인사를 통해 아이 (그리고 자신)의 정서적 안녕감을 잘 챙겨주자. 댄 카운셀은 "아내와 아이들에게 제대로 작별 인사를 하는 것"이 아침에 해야 할 가장 중요한 일이라고 말한다. "뽀뽀도 해주고 껴안아주면서 모두에게 사랑한다고 말합니다. 조금은 간질거릴 만큼 지나치게 다정하다고 생각할 수도 있지만 결국 제게 가장 중요한 것은 가족이니까요."

이런 순간을 간직하고 항상 기분 좋게 집을 나서길 바란다.

이것 또한 지나가리라

초보 부모로 지내는 시간은 일시적이다. 자녀가 네다섯 명이라도 매번 초보 부모 역할을 하는 시간은 순식간에 지나간다. 그러므로 이 시기를 보내는 동안 최대한 그 순간을 누렸으면 한다. 그 시간이 지난 뒤에는 자신에게 더 초점을 맞췄던 원래의 모닝루틴으로 되돌아갈 수 있다는 것을 기억하자.

자녀와 함께 멋지게 하루를 시작한다는 것은 자신(그리고 아이)의 전반적인 행복에 매우 중요하니 이를 충분히 누리자. 디자이너이자 저술가인 마누엘 리마Manuel Lima는 이렇게 말했다. "클로이가 태어나기 전에는 늘 운동하고 몸에 좋은 것을 챙겨 먹으면서도 늦도록 일할 때가 너무 많았습니다. 아침이면 몇 번이고 스누즈 버튼을 눌렀고 결국 아침 식사도 거른 채 허겁지겁 출근하기 급급했죠. 클로이가 태어나자 더 일찍 잠자리에 들었고, 자연스럽게 이른 아침의 고요함과 느긋하게 첫 끼를 즐기는 여유를 누리기 시작했습니다. 유동적인 듯하지만 실은 제멋대로였던 예전 루틴으로 돌아가지 못할 것 같습니다."

뒤집어 생각하기

부모의 루틴에 관한 한 반대로 생각할 만한 것이 없다. 한 가지만 기억하자. 이 시간도 곧 지나간다.

8장

자존감 체크하기
스스로를 좀 더 다정하게 대하는 법

8시까지는 안 나온대.
자기만의 시간이래.

하루 중 아침만이 갖는 장점 하나는 백지상태에서 새롭게 시작할 기회를 준다는 것이다. 하지만 이 백지는 그날 완수해야 할 일들로 금세 얼룩지고 낡아 간다.

이 백지를 더 오래 깨끗하게 유지할 수 있다면 어떨까? 자신의 가장 속 깊은 필요사항을 충족할 시간과 장소를 마련해 온화하게 하루를 열 수 있다면 어떨까? 자신에게, 배우자에게, 주변 모든 사람에게 온화함을 베풀면서 말이다.

이번 장에서는 화려한 수상 경력의 일러스트레이터 유코 시미즈Yuko Shimizu가 출근길에 느린 열차를 택하는 이유를 들어보고, 화가이자 일러스트레이터인 리사 콩던Lisa Congdon이 모닝 루틴의 힘으로 중심을 잡고 창의성을 꽃피우는 이야기를 들어본다. 한편 존 베라르디John Berardi 박사는 아침마다 주방에서 시간을 보내는 이유를 들려준다. 유명인 6명이 알려주는 자존감 관리법을 귀기울여 들어보자.

집에서 일해도 멋지게 차려입는다

리사 콩던Lisa Congdon
화가 겸 일러스트레이터

어떤 모닝루틴을 갖고 있나요?

매일 아침 6시쯤 일어납니다. 자리에서 일어난 뒤, 제 순서인 주에는 침대를 정돈하고(아내와 저는 가사를 제때 완료하기 위해 집안일 표를 작성하는데 침대는 한 주씩 돌아가며 정돈합니다.), 15분간 명상을 한 후에 옷을 차려입고 아래층으로 내려가 커피를 마십니다. 저는 운이 좋은 사람입니다. 결혼식 날 아내가 앞으로 평생(자신이 할 수 있는 한) 아침마다 커피를 만들어주겠다고 맹세했거든요. 자신이 한 약속에 메인 몸이죠! 덕분에 저는 날마다 아래층으로 내려와 갓 내린 커피를 즐깁니다.

아침 식사는 토스트나 약간의 시리얼로 간단히 먹습니다. 밥 먹는 동안에는 이메일을 확인하며 급한 일이 생기지 않았나 살펴보고 그날 할 일도 목록으로 정리합니다. 일주일에 며칠은 아침 식사 후에 헬스장이나 수영장에 가거나 밖에 나가서 달립니다. 운동을 해야 정신을 차리고 일할 준비가 되거든요. 운동을 마치면 집에 돌아와 옷을 차려입고 일하러 갑니다. 제가 챙기는 루틴 중 하나는 마치 집을 떠나 일하러 가는 사람처럼 옷을 차려입는 것입니다. 스튜디오가 집 안에 있다 보니 집을 벗어날 필요가 없거든요. 그럼에도 사무직이나 소매업에 종사하는 사람처럼 멋지게 옷을 차려입으면 한결 기분이 좋아집니다. 때로는 제 모습을 봐줄 사람이 제 아내밖에 없지만 말입니다.

이 루틴을 얼마나 지켜왔나요? 달라진 것은 없나요?

이 루틴은 10년 전 자영업을 시작하면서부터 지켜왔습니다. 몇 년 전 캘리포니아주 샌프란시스코에서 오리건주 포틀랜드로 이사를 온 것이 삶에 큰 변화를 불러왔습니다. 올해 들어서는 모닝루틴에 명상을 추가했습니다. 저로서는 정말 힘든 전환이었죠. 아침에 피곤하고 지친 상태에서 명상 수행을 하려면 어마어마한 자제력이 필요하니까요! 하지만 명상을 시작한 이후로 불안은 줄고 행복감은 늘어 전반적인 안녕감이 커진 것은 확실합니다.

독서하는 시간을 꼭 가진다

유코 시미즈Yuko Shimizu
일러스트레이터, 시각예술학교 강사

어떤 모닝루틴을 갖고 있나요?

저는 제대로 된 아침 식사를 합니다. 이때 함께 마시려고 특별한 비타민C 촉진 음료도 만들죠. 이 음료에는 갓 간 생강 다량, 꿀, 프로폴리스, 레몬 또는 라임 반 개가 들어갑니다. 여름에는 여기에 천연 소다수를 넣어 수제 진저에일 같은 맛을 냅니다. 겨울철에는 꿀 속의 좋은 효소가 고열에 죽지 않도록 미지근한 물을 넣는데, 이렇게 하면 생강차 맛이 납니다.

제 스튜디오는 맨해튼 중부에 있어서 훌륭한 점심을 먹을 만한 곳이 별로 없습니다. 게다가 대다수 식당은 음식값이 너무 비싸죠. 그래서 지난 5년간 저는 거의 매일 도시락을 싸서 다녔습니다. 주로 주말에 반찬을 잔뜩 만들어 얼려놓고 한 주 동안 해동해서 먹습니다. 심지어 밥도 한꺼번에 왕창 지어놓고 한 끼 분량으로 나누어 담은 뒤에 냉동실에 보관합니다. 샐러드와 채소 반찬은 아침에 준비합니다.

저는 건강을 위해 노력해온 끝에 점심 식사를 하루 중 가장 거한 끼니로 만들었습니다. 이제 저녁은 매우 가볍게 먹지만 도시락 가방에는 음식을 꽉꽉 채웁니다. 때로는 며칠 분의 점심을 한꺼번에 싸가기도 합니다. 그럴 때는 아침 출근길이 마치 큰 식료품 가게로 장을 보러 가는 것 같아 보이죠.

일본에 살 때는 1년에 약 50권의 책을 읽었습니다. 등교에만 한 시간 반이 걸렸으니까요. 일을 시작하니 통근 시간이 짧아지긴 했지만 여전히 1시간은 넘었습니다. 예술학교 진학을 위해 뉴욕에 올 때까지 11년간 사무직에 종사했었죠. 씁쓸하게도 지금은 휴대전화가 생긴 탓에 일본의 통근 열차 풍경이 달라졌지만, 전에는 모두가 조용히 책을 읽었습니다. 일본의 책 디자인은 정말 주목할 만합니다. 책 한 권 크기가 미국의 책 크기의 절반밖에 안 되지만, 종이가 매우 얇으면서도 매우 튼튼합니다.

지금 제가 지하철에서 보내는 시간은 고작 15분입니다. 휴대전화와 태블릿이 있다 보니 책 읽는 습관이 사라졌죠. 지난 몇 년 동안에는 기껏해야 1년에 10권을 읽었습니다. 하지만 일러스트 같은 창의적인 결과물을 내려면 창의적인 대상을 접하고, 영감을 얻고, 좋은 영향을 받아야 합니다. 제가 직접 경험하지 않는 것들도 엿볼 필요가 있죠. 이런 생각 끝에 다시 독서를 새 루틴으로 삼았습니다. 저의 창의성에 연료를 제공하는 정말 좋은 책을 읽자는 거죠.

지금은 통근 때마다 독서 시간을 5분 더 갖기 위해 급행열차로 갈아타지 않고 일반 열차를 탑니다. 또한 특히 밤에는 휴대전화에 낭비하던 시간을 독서에 투여합니다. 아직까지는 매우 좋습니다. 그동안 읽지 못했던 책을 많이 읽고 있습니다.

아침에 해야 할 가장 중요한 일은 무엇인가요?

긴장을 풀고 아침을 즐기며 기분 좋게 하루를 시작하는 것입니다. 사람들이 아침에 이리저리 서두르면서 어떻게 좋은 하루를 보내는지 모르겠습니다. 아마 제게는 아침의 두어 시간이 명상인가 봅니다. 아무리 일정이 빡빡해도, 심지어 14시간을 꽉 채워 일하는 날에도 편안한 모닝루틴만은 꼭 지킵니다.

밖에서 머물 때는 어떻게 하나요?

저는 이동이 많아서 같은 루틴을 꾸준히 유지할 수 없다는 잘 알고 있습니다. 루틴을 따르지 못할 때는 차분하고 편안한 아침 시간을 보낼 만한 다른 방법을 찾으려고 최선을 다합니다.

과거에는 국제선을 탈 때면 레몬과 라임을 챙겨가서 아침에 제일 먼저 저만의 비타민C 음료를 만들었습니다. 법 위반임을 알고 더는 그러지 않지만요.

실패할 때는 어떻게 하나요?

융통성을 발휘해야죠. 그렇지 않으면 저를 편안하게 해야 할 루틴이 도리어 스트레스가 되고 말 테니까요.

존 베라르디 John Berardi
정밀 영양 Precision Nutrition **창업자**

어떤 모닝루틴을 갖고 있나요?

주중에는 보통 아침 7시에 일어납니다. 대개는 스스로 일어나지만, 약간의 도움이 필요할 때를 대비해 7시 직후부터 음악이 나오게 해 두었습니다.

일어나면 15분간 자기 관리 루틴을 실행합니다. 화장실에 가서 양치와 치실을 하고 피부 관리를 합니다(몸에는 아몬드오일을 바르고 얼굴에는 천연 세안제, 스크럽, 토너, 수분크림을 차례로 바릅니다). 그런 다음 주방에 가서 아내와 아이들을 위해 아침 식사를 준비합니다. 요리하고, 아이들에게 아침을 차려주고, 미니밴으로 학교까지 태워다주는 데까지 약 1시간이 걸립니다.

아내와 아이들이 자리를 비우고 나면 물을 끓여서 큰 머그잔에 차를 준비합니다. 3~5분간 찻주전자의 물이 끓는 동안 주방 카운터 앞에 앉아 있습니다. 가만히 두 눈을 감고 앉아 심호흡하며 머릿속을 비우는 거죠. 그런 다음 서재에서 차를 마시면서 그날 할 일의 우선순위를 세웁니다. 한두 시간 정도 지나면 우선순위 정리를 마치고 첫 번째 과제에 돌입해 있습니다. 이때쯤 잠시 쉬면서 첫 끼를 먹습니다. 그러고는 바로 일로 돌아가 한참 집중하다가 늦은 점심 식사를 한 뒤 곧장 나가서 학교에 있는 아이들을 데리고 옵니다.

몇 시에 잠자리에 드나요?

대개 밤 11시나 11시 반이면 잠들어 7시간 반에서 8시간 정도 잡니다. 사실 살짝 모자랍니다. 그래서 주로 토요일과 일요일에 한 시간씩 더 잠으로써 약간 부족했던 잠을 '따라 잡습니다'.

수월한 아침을 보내기 위해 전날 밤에 하는 일이 있나요?

일주일에 며칠은 아이들이 모두 잠든 밤에 근력 운동이나 유산소 운동을 합니다. 운동 후에 샤워로 개운하게 몸을 풀고 식사를 하고 나면 잘 준비가 됩니다. 물론 식사할 때 그동안 못 봤던 책이나 영화를 보다 보면 자는 시간이 늦어지기도 합니다.

특정 앱이나 제품을 활용해서 모닝루틴을 강화하나요?

최고의 '앱'은 사람의 몸이라고 생각합니다. 몸에 좋은 음식, 적절한 휴식, 규칙적인 운동, 충분한 햇볕을 제공하고, 때로 자연 속에 머물며, 돈독한 사회적 지지망을 유지하는 게 좋습니다.

천천히 청소하고 차근히 정리하며 긴장을 이완한다

멜로디 맥클로스키|Melody McCloskey
스타일시트StyleSeat CEO

어떤 모닝루틴을 갖고 있나요?

저는 아침 일찍 눈을 뜹니다. 새벽 5시 45분에 일어나 방해 없이 혼자 생각할 시간을 즐기죠. 청소, 정리, 그 외 주의력을 요하는 개인적인 일을 하면서 한 시간 정도 보냅니다. 하찮은 일처럼 들리지만 저는 이렇게 일상적인 일을 하는 시간을 통해 개인적으로도, 업무적으로도 중요한 것들을 처리합니다. 7시가 되면 일주일에 2~4회는 트레이너와 함께 운동하고, 나머지 요일은 대체로 운동 수업에 참여합니다. 핫요가, 필라테스, TRX 등이죠.

이 루틴을 얼마나 지켜왔나요? 달라진 것은 없나요?

일찍 일어나는 습관은 몇 년 됐습니다. 밤늦게까지 깨어 있는 삶을 오랫동안 유지했는데, 이른 아침부터 루틴을 따르는 것이 높은 성과를 지키고 종일 균형감과 행복감을 지키는 데 최고의 방법임을 깨닫게 되었죠.

물론 처음부터 쉽진 않았습니다! 그렇게 일찍 일어나기란 고문 같았죠. 타고난 아침형 인간은 아니었거든요. 하지만 이렇게 루틴이 되고 나니 이제 주말에도 꽤 일찍 일어납니다.

몇 시에 잠자리에 드나요?

여행 중인지 여부와 업무 진행 상황 등에 따라 다릅니다. 루틴을 따를 때는 밤 9시쯤 잠자리에 들지만 때로는 취침 시간이 10시나 11시까지 늦어집니다. 잠들기 전에 여러 팟캐스트를 듣기 시작했습니다. 수면 버튼을 눌러두면 10분 안에 재생이 멈춥니다. 금세 잠들게 하는 데 좋은 방법이죠. 한 번 이상 타이머 시간을 늦출 때면 자제력이 더 필요하다고 메모합니다.

수월한 아침을 보내기 위해 전날 밤에 하는 일이 있나요?

아침을 바로 시작할 수 있도록 운동복을 꺼내 놓고 커피 메이커도 설정해 둡니다. 커피 향만큼 저를 벌떡 일으켜주는 건 없으니까요!

알람에 맞춰 일어나나요?

네. 그러고는 매번 스누즈 버튼을 누르죠. 하지만 스누즈 버튼을 누를 때 억지로라도 윗몸일으키기를 하기 때문에 다시 잠들지는 않습니다.

일어나서 얼마 만에 아침 식사를 하나요?

운동하기 전에 과일 한 쪽, 약간의 채소를 곁들인 달걀프라이로 간단하게 먹고 나갑니다. 운동하고 와서는 보통 단백질 셰이크나 고단백 식사를 하죠. 전체적으로 최대한 팔레오(Paleo, 인공감미료 없이 천연재료만으로 요리하는 방식—옮긴이) 식단을 따릅니다. 숱한 식이요법을 시도해봤지만 이 방법이 실질적으로 피로감을 줄이고 최상의 컨디션을 유지하는 데 유용했습니다.

파트너는 그런 루틴에 어떻게 맞춰 주나요?

저는 샌프란시스코에 있고 제 약혼자는 로스앤젤레스에 있습니다. 아침을 함께하지는 못하지만, 다행히도 그의 모닝루틴은 제 루틴과 매우 유사합니다. 떨어져 있을 때는 아침마다 화상 통화를 하면서 서로의 일상과 다가올 결혼 이야기를 하죠. 같이 있을 때도 아침이면 대화를 나누고 운동도 함께합니다.

실패할 때는 어떻게 하나요?

루틴을 따르면 제가 행복하기에 철저히 지키려고 노력하지만, 그 누구도 루틴을 군대 명령처럼 여겨서는 안 된다고 생각합니다. 자신을 행복하게 만드는 일을 하되 무슨 일이 생기면 거기에 맞출 수 있는 거죠. 저는 적절한 자제력과 쉴 틈 사이의 올바른 조합을 찾았고 덕분에 최고의 결과를 얻고 있습니다.

내면의 속삭임에 잠시 귀 기울인다

앰버 레이 Amber Rae
《걱정보다 놀라움 선택하기 Choose Wonder Over Worry》 저자

어떤 모닝루틴을 갖고 있나요?

대체로 알람 없이 깨어나 운동복을 입고 길 아래쪽에 있는 필라
테스 학원에 가서 트레이너와 함께 운동합니다. 트레이너가 해
주는 고강도 코어 운동이 정말 마음에 들어요. 할 때마다 몹시
힘들지만 끝난 뒤에는 활력이 넘치죠.

운동한 후에는 녹즙에 넣을 레몬, 생강, 카엔 페퍼를 사러 동
네 식료 잡화점에 들릅니다. 창가 쪽 의자에 앉아 본격적으로
모닝 페이지 쓰기에 돌입합니다. 의식의 흐름대로 써 내려가다
보면 저 자신과의 연결고리를 찾고 내면의 속삭임을 들을 수 있
습니다. 30분가량 지나면 한두 가지 글쓰기 소재가 나와 반짝
기분이 좋아집니다. 집에 돌아와 녹즙을 만들고 거실에서 춤을
춥니다. 남은 하루는 대개 글을 쓰거나 창작 활동을 하며 보냅
니다.

이 루틴을 얼마나 지켜왔나요? 달라진 것은 없나요?

운동, 집필, 영양. 이 세 가지에 집중한 루틴을 지난 몇 년간 다

양한 방식으로 시도해왔습니다. 작년에 제 약혼자와 저는 브루클린에 있는 한 복층으로 이사한 뒤, 인테리어 디자이너이신 제 어머니의 도움을 받아 이곳을 영감이 넘치는 창작 공간으로 만들었습니다. 거대한 포스트잇 벽과 함께 별도의 아날로그 공간과 디지털 공간을 두었고, 탄탄한 스피커 시스템도 갖추었습니다. 냉장고에는 신선한 과일, 아몬드 버터, 케일을 가득 채웠죠.

3년 전쯤에 써두었던 제 수첩을 최근에 우연히 보게 되었습니다. 그때는 밤낮으로 쉴 틈 없이 일했고, 한 남자와 데이트를 하긴 했지만, 도무지 관계에 확신을 느끼지 못했죠. 여러 쪽에 아주 큰 글씨로 이렇게 써놨더군요. "버겁다. 중심을 못 찾겠다. 자기 관리를 챙겨야 한다." 수년간 제 모닝루틴은 남들이 제게 기대하는 모습을 끌어내기 위한 노력의 결과였습니다. 제 몸이 보내는 신호를 무시한 탓에 버거워했고 중심을 찾지 못했죠. 당시 제가 몸담았던 업계인 기술과 창업의 세계에서 성공하려면 밤낮없이 일하고, 점심도 책상에서 먹고, 수면 부족을 훈장처럼 여겨야 한다고 생각했습니다. 활동만 가득한 상태였기에 존재가 쏙 빠져버린 느낌이었습니다.

그래서 멈췄습니다. 속도를 늦춘 거죠. 그때부터 저의 창의적 몰입을 뒷받침할 의식과 루틴이 무엇인지 자문하기 시작했습니다. 어떤 환경과 상호작용이 최고의 성과로 이어지는지에 관심이 생겼습니다. 그러다가 생산성은 자연스러운 리듬을 탄다는

············· 8장. 자존감 체크하기

사실을 발견했습니다. 성공이란 그 흐름을 신뢰하고 이에 맞추는 것이 관건이었습니다.

한 예로 저는 대체로 새벽 2시에 잠들어 아침 10시 반에 일어납니다. 겨울철에는 한 시간 정도 더 자고 봄에는 조금 더 일찍 일어나는 것을 즐깁니다. 저는 창작자로서 매일 넓은 창작의 공간 속에서 제 역량을 꽃피우며 오랜 시간 동안 회의, 전화 통화, 각종 기기를 멀리하는 편입니다. 저는 단기 작업에서 성과가 가장 좋기 때문에 한 번에 며칠 또는 몇 주간 몰입하되 중간 중간 멈추며 회복하는 시간을 갖습니다. 가장 좋은 글이 나오는 시간은 밤 11시경이며 저 자신에게 도전과 영감을 주는 만큼 아이디어가 흘러나오는 편입니다.

처음에는 이렇게 '존재'하는 방식에 발을 들이는 데 일종의 죄책감이 들었습니다. 제 일정을 주도적으로 관리할 수 있을지 의심스러웠고, 다른 사람들이 어떻게 생각할지도 걱정스러웠으니까요. 결국 제가 깨달은 것은 각자 자신에게 잘 맞는 흐름이 있다는 사실입니다. 제게 맞는 것이 다른 사람에게는 맞지 않을 수도 있죠. 중요한 것은 자신만의 고유한 흐름을 찾는 데 관심을 기울이고, 주변 사람들도 흐름을 찾도록 돕는 것입니다.

엘르 루나Elle Luna
예술가, 《소원과 의무의 갈림길 The Crossroads of Should and Must**》 저자**

어떤 모닝루틴을 갖고 있나요?

눈뜨자마자 제일 먼저 하는 일은 제 꿈을 기억하는 것입니다! 자는 동안 꾼 꿈을 나중에 기억하시나요? 이상해 보이지만 저는 꿈을 기억하는 것이 정말 중요하다고 믿습니다. 꿈에는 사태의 진상을 알려주는 모든 단서와 통찰이 들어 있는 듯하거든요. 역사상 수많은 사람이 꿈에서 깨달음을 얻었습니다. 메리 셸리Mary Shelley가 자신의 꿈을 계기로 《프랑켄슈타인Frankenstein》을 썼다는 사실을 아시나요? 폴 매카트니Paul McCartney 역시 꿈에서 들은 선율을 바탕으로 '예스터데이Yesterday'를 작곡했다고 하죠. 심리학자 칼 융Carl Jung은 자신의 꿈을 연구하고 이를 지그문트 프로이트Sigmund Freud에게 알려주었다고 합니다. 아니면 《상징의 세계(가제)The Book of Symbols》라는 놀라운 책을 사보셔도 좋을 겁니다. 신화학자 조지프 캠벨Joseph Campbell의 업적을 바탕으로 한 이 책은 꿈과 상징에 관한 이야기를 연대순으로 제시합니다.

꿈을 포착하고자 제가 찾아낸 가장 효과적인 방법 하나는 휴대전화의 음성 녹음 기능을 활용하는 겁니다. 아직 잠에서 덜 깬 순간에 큰 소리로 꿈을 읊어보는 거죠. 저는 꿈을 그대로 설명하는 것에서 한 걸음 더 나가 그 꿈이 제게 어떤 느낌을 주는지도 말합니다. 한 번은 꿈을 꿨는데 거대한 코브라 한 마리가 제 앞에 나타났습니다. 보통 때라면 꿈속에서 뱀을 만나면 무시무시한 상징이라고 생각했을 텐데, 이날은 그 뱀이 위풍당당하고 강력하며 아름다워 보였고 전혀 무섭지 않았다고 기록해 두었습니다. 제 기억에 칼 융은 꿈의 가장 중요한 측면은 꿈이 지니는 의미와 이를 해석하는 방법에 있다고 말했습니다. 꿈속에 등장하는 상징의 의미는 해몽 사전이나 친구의 의견이 아니라 그 순간 자신이 해석하는 방식에 달려 있습니다. 저는 이 점이 참 마음에 듭니다.

꿈을 포착하고 또 그려낸 다음에는 제가 기르는 반려견 코커 스패니얼 틸리와 함께 여유롭게 아침 산책에 나섭니다. 자주 멈춰서고 이것저것 바라보면서 느릿느릿 다녀옵니다.

다음은 커피입니다. 전에는 하루에도 몇 잔씩 커피를 마시곤 했습니다. 어느 날 이웃인 마이클이 내려준 커피 한 잔을 마셨는데 너무 맛있었어요. 지금 생각해도 정말 놀라운 경험이었죠. 그런 커피라면 한 잔으로도 족하겠더라고요. 그때 이후로 커피를 여러 잔 마시던 것을 한 잔으로 줄였습니다. 그날 아침 마이클이 두 눈을 감고 상자에 든 원두 향을 맡았던 모습이 지금도 생각납니다. 마이클은 제게 오더니 원두 상자를 제 코에 내밀고는 "향이 어때?"라고 물었죠. 체리와 장미향이라니! 그렇게까지 커피 향을 맡아본 적은 없었습니다. 마이클은 현재에 머물러 그때그때 경험에 몰입하는 방법을 몸소 보여주었습니다. 물이 끓을 때부터 첫 한 모금을 마시기까지 순간순간을 음미하는 거죠. 그날 마이클을 보면서 깨달은 바가 컸고, 그때 이후로 아침에 따뜻한 커피 한 잔을 내리는 일은 하루 중 매우 특별한 시간이 되었습니다.

커피를 마시고 나면 제 스튜디오에 있는 제단에 기도를 드립니다. 이 제단은 스튜디오 안에서도 영적인 심장부입니다. 제단에 기도를 드리고 있으면 이를 처음 발견했던 발리와 다시 연결되는 듯한 기분이 듭니다. 발리에 한 번이라도 가보셨다면 그 나라가 제단으로 가득하다는 것을 아실 겁니다. 사방이 제단이죠! 발리의 제단들은 색도 다양하고 싱싱한 꽃과 향_香에 덮여 있습니다. 발리섬 전체가 재스민, 백단, 그 외 싱싱하면서도 여린 꽃들의 향내를 내뿜습니다. 정말 값진 경험이었습니다!

저는 '불란 프로젝트Bulan Project'라는 직물 사업차 여성 바틱(Batik, 납이나 수지로 무늬가 그려진 부분을 막아 물들지 않게 하는 염색법—옮긴이) 예술가들과 협업하며 발리에서 오랜 시간을 보냅니다. 발리에 있을 때면 하루 중 마법 같은 시간인 아침을 즐길 수 있습니다. 수탉이 노래하는 소리, 논에서 먹을거리를 찾아 돌아다니는 오리들 소리도 들을 수 있죠. 의례 복장인 사롱(Sarong, 치마처럼 허리에 둘러 입는 옷 ─옮긴이)을 입은 여성들은 야자나무와 논 사이를 점점이 움직이는 아름다운 색 조각들처럼 보입니다. 두 손에는 야자수 잎을 섬세하게 이어 붙여 만든 쟁반 위에 싱싱한 꽃, 신선한 민트, 쿠키 등 손수 만든 제물이 높게 쌓여 있습니다. 날마다 이런 제물을 만들려면 몇 시간은 걸릴 텐데 정말 놀랍습니다.

이 여성들이 제단에 기원하는 모습을 보면 둥둥 떠 있는 것만 같습니다. 주변으로 빛을 내뿜는 듯합니다. 아침에 아직 정신이 들지 않을 때면(아마 침대에 누워 꿈을 기억해내고 있겠죠), 창문 밖으로 쟁반을 든 여성들이 지나가며 남긴 향내에 눈을 뜨게 됩니다. 그 오묘한 향을 맡고 사람들이 정성을 다해 의식을 거행하는 것을 보면 정말 마법 같습니다.

어느 날 저는 제단 하나를 발견해 샌프란시스코까지 가져왔습니다. 주방 입구에 걸어두고 아침마다 기원을 드렸죠. 향에 불을 붙이고 냄새를 맡으면 일순간 시간과 공간을 뛰어넘습니다. 그런 경험을 해보신 적이 있나요? 냄새는 강력한 요소입니다. 이렇게 제단에 기도를 드리는 것은 저의 모닝루틴 중에서도 매우 신성한 부분입니다.

제단 의식을 마치면 자리에 앉아 모닝 페이지를 씁니다. 이는 줄리아 카메론Julia Cameron이 《아티스트 웨이The Artist's Way》에서 소개한 방법인데요. 3쪽 분량의 긴 글을 쓰는 것을 가리킵니다. 카메론은 이를 두고 '두뇌의 배수로brain drain'라고 했는데, 이는 모닝 페이지를 쓸 때의 기분을 가리키는 기가 막힌 표현입니다. 30분밖에 걸리지 않는 짧은 의식이지만 이렇게 날마다 글을 쓰면 마음속을 어지럽히는 것들을 종이 위에다 쏟아놓을 수 있습니다. 모닝 페이지는 자신만을 위한 것이므로 무엇이든 적을 수 있습니다. 하지만 카메론은 자기만 보는 것이더라도 써둔 글은 6주 뒤에 읽으라고 권합니다. 모닝 페이지 쓰기는 빗자루로 바닥을 쓰는 것과 같습니다. 하고 나면 훨씬 기분이 좋아지거든요.

제 모닝루틴의 마지막 단계는 읽기와 쓰기입니다. 올해 들어 저는 날마다 45분간 책을 읽고 15분간 이에 관한 기록을 남기는 것을 꾸준히 실천해왔습니다. 기록 내용은 카드로 만들어 화장실과 스튜디오 주변에 붙여서 항상 제 시야에 둡니다. 때로는 카드에 말을 걸기도 하고, 이 카드들이 저녁 식탁에 둘러앉아 있다고 상상해보기도 합니다. 그러면 새로운 아이디어가 떠오르죠. 재미있는 활동입니다.

모닝루틴은 책 집필을 완수하는 데도 유익했고, 이제 저의 하루를 받쳐주는 든든한 토대입니다. 모닝루틴을 제대로 실천하면 약 2시간이 걸립니다. 제가 좋아하는 예술가인 조각가 브랑쿠시Brâncuși는 이렇게 말한 적이 있습니다. "무언가를 만드는 것 자체는 쉽다. 문제는 무언가를 만들 수 있는 상태에 도달하는 것이다." 집필, 디자인, 그림 등 무엇을 하는 날이든지 모닝루틴을 꾸준히 실천하는 것은 이 모든 활동을 시작하게 하는 힘입니다.

일어나서 얼마 만에 아침 식사를 하나요?

저는 아침에 약간 허기진 상태로 있어야 활력이 생기더군요. 비유적인 표현처럼 들릴 수도 있습니다. 하지만 실제로 저는 오후 1시나 2시가 될 때까지 제대로 된 식사를 하지 않습니다. 이때야 비로소 아침 식사를 하죠. 제가 참 좋아하는 시간입니다!

지상에서의 마지막 식사를 어떤 메뉴로 하겠냐고 물어보는 게임을 아시나요? 저라면 어렸을 때 주말에 먹었던 스크램블드 에그와 팬케이크를 먹겠다고 말하겠습니다. 늦은 오후까지 아침 식사를 제공하는 작지만 마법 같은 식당이 있어서 그곳에 자주 갑니다. 데이빗 린치는 자신의 저서 《데이빗 린치의 빨간 방Catching the Big Fish》에 날마다 같은 식당에 가서 밀크셰이크를 주문한다고 썼습니다. 매일 같은 장소에 가서 특별한 것을 누린다는 것은 정말 좋은 아이디어라고 생각합니다. 왠지 그는 그 식당에서 좋은 아이디어를 많이 얻을 거라는 생각이 듭니다.

아침 명상 루틴도 있나요?

저의 아침 전체가 하나의 명상처럼 느껴집니다. 모닝루틴의 각 부분에 온전히 머물려고 노력하거든요. 언젠가 듣고 매우 좋아하게 된 이야기를 들려드리죠.

하루는 붓다가 왕자와 대화를 나누고 있었습니다. 왕자가 물었죠. "너와 네 승려들은 수도원에서 무엇을 하느냐?" 붓다가 말했습니다. "앉고 걷고 먹습니다." 왕자가 되물었습니다. "그렇다면 똑같은 행동을 하는 백성들과 너희들이 다를 게 무어냐?" 붓다가 대답했습니다. "우리는 앉아 있을 때 우리가 앉아 있다는 것을 압니다. 걸을 때는 걷고 있다는 것을 압니다. 먹을 때는 먹고 있다는 사실을 압니다."

나만의 루틴 만들기

자신의 필요사항을 채우며 하루를 열면 차분한 감각을 얻어 온 종일 무슨 일이 닥치든 이를 지킬 수 있을 뿐만 아니라, 그날 만 나는 모든 사람을 한층 온화한 태도로 대할 준비가 된다.

> "모닝루틴이나 그 외 자기 관리를 건너뛰고 싶을 때면, 그것과 함께 하루를 열어야 제가 사랑하는 사람과 제게 중요한 프로젝트를 더 잘 대할 수 있다는 사실을 기억합니다."
>
> — 코트니 카버Courtney Carver, 저술가

사회사업가 제스 위너Jess Weiner는 이렇게 말했다. "저 자신, 제 몸, 저의 인간관계에 시간을 들일 때 훨씬 살아 있다는 느낌 이 듭니다. 정신이 또렷해지고 더 행복하고 활기찬 기분을 느낍 니다."
아래 제안하는 자기 관리 방법에 귀 기울이길 바란다.

아침에 '나만의 시간' 갖기

이른 아침은 짧게나마 태연하게 '나만의 시간'을 누릴 완벽한 시간이다. 온 세상이 아직 잠들어 있는 이때야말로 고요한 아침을 즐길 수 있기 때문이다. 기상 시간이 늦거나 야간 교대근무를 하더라도 잠에서 깨어나자마자 '나만의 시간'을 누릴 이른 시간이 있다는 것을 잊지 말자.

> "저는 외향적인 성격의 일을 하고 있습니다. 200명이 넘는 직원이 근무하는 회사를 운영하다 보니 대체로 업무적, 개인적 측면을 고려해 시간을 사용하게 되죠. 저만의 시간은 매우 중요하면서도 갖기 힘든 시간이므로 최대한 알차게 보내려고 노력합니다."
> ― 줄리엔 스미스, 브리더Breather CEO

이 시간은 자기가 원하는 대로 자유롭게 활용할 수 있다. 이에 관해 이 책이 수많은 팁을 제공한다. 예술 감독 데이비드 무어는 이렇게 말해주었다. "너무도 오랫동안 자신을 제대로 돌보지 않은 채 일했습니다. 나이가 들자 제가 더는 혈기 왕성한 젊은이가 아니라는 사실이 분명해지더군요. 생산적인 하루를 보내려면 아침에 일어나 잘 먹고, 속도를 늦추고 계획을 세우는 데 시간을 들이는 것이 중요합니다."

모닝루틴으로 중심 잡기

언론인 테사 밀러Tessa Miller의 말을 들어보라. "분명 저의 모닝 루틴은 그날 하루의 분위기를 결정합니다. 아침에 허둥지둥하고 스트레스를 받으면 종일 일하는 동안 그 분위기가 이어지죠. 체계를 잡고 시간을 들여 자신을 정돈하는 날은 대개 무난히 흘러갑니다."

신중한 자세로 아침을 활용한다면 하루 동안 마주칠 일들을 내다보며 계획을 세울 수 있다. 이를 통해 반드시 완수해야 할 일을 확인하고, 지금 당장은 더 중요한 일이 있으므로 신경 쓰지 않아도 될 일을 가려낼 수도 있다.

> "좋은 아침을 보내고 나면 하루 동안 무슨 일이 벌어지든 간에 대체로 좋은 하루를 보내게 됩니다. 저조한 기분으로 하루를 열 때는 24시간이 훨씬 길게 느껴집니다."
> — 이언 사라찬Ian Sarachan, 축구 코치

루틴이 없다는 것은 키 없는 배와 같아서 이리저리 방향을 바꿔 봐도 목표했던 항로로 결코 나아갈 수 없다.

나의 모닝루틴 내려다보기

자신의 장례식을 머릿속에 떠올려보는 것은 겸허함을 느끼게 하는 흔한 방법이다. 그 자리에 참석한 사람들이 나에 관해 뭐라고 말할지 생각해보는 것이다. 사람들이 나의 화려한 이력에 관해 얘기해줄까? 이 클라이언트를 잡은 비법, 저 상을 받은 비결을 읊어줄까? 직업적 전성기를 누리기 위해 하루 12시간씩 일했던 것을 얘기해줄까? 아니면 부모, 친구, 인간으로서 내가 어떤 사람이었는지 말해줄까?

이 접근법을 활용해 현재 자신이 아침에 일어난 직후부터 아침 시간을 보내는 방식을 살펴볼 수 있다. 자신의 모닝루틴을 위에서 내려다보면 무엇이 보이는가? 휴대전화로 뉴스를 훑어보다가 셔츠에 커피를 쏟는 등, 분주하게 서두르는 자신의 모습이 상상된다면 변화가 필요할지도 모른다. 더 차분하고 온화한 아침, 자신을 가장 먼저 생각하는 아침을 떠올려보자. 그러고 나서 이번 장(그리고 이 책 전체)에서 배운 모든 것을 활용해 자신의 루틴 속에서 실천해보자.

아침의 승리로 성취감 얻기

모닝루틴을 지킴으로써 얻는 아침의 승리가 있다. 가령 긴요한 일을 완료하거나 이른 아침에 열리는 운동 수업에 참여했다거나 하는 것이다. 이 승리를 얻으면 하루 내내 든든한 성취감을 느낄 수 있다. 틴더Tinder의 제품 관리와 수익 부문을 총괄하는 제프 모리스Jeff Morris는 이렇게 말했다. "일하기 전에 요가 수업에 가면서 인생이 달라졌습니다. 대다수 사람이 이제 막 일어나는 시간에 저는 이미 뭔가를 성취한 듯하니까요. 기가 막히게 좋은 기분이죠."

이런 승리감의 형태는 다양하지만 그 공통분모는 무언가를 완수한 뒤에 찾아오는 성취감이다. 저술가이자 로즈 파크 어드바이저Rose Park Advisors 투자회사의 공동 설립자인 휘트니 존슨Whitney Johnson은 이렇게 말해주었다. "새 루틴을 잘 지킬 수 있었던 것은 제가 완수하고픈 일이 너무도 많다는 것을 깨달은 덕분이었습니다. 정말 많더군요. 제게 있어 새벽 5시 반부터 보내는 30분은 적어도 오후 3시에 보내는 1시간과 맞먹습니다."

뒤집어 생각하기

아침에 세심하고 온화한 자세로 자신을 대한다는 것에는 반대로 생각할 점이 없다.

한 가지 염두에 두어야 할 주의사항이 있다. 아무리 자기에게 도움이 된다고 해도 맞지 않는 것을 억지로 밀어붙여서는 안 된다. 가령 자신이 비교적 늦게 일어나 그때부터 모닝루틴을 실행한다면 이보다 조금 일찍 일어나는 것을 실험할 수 있다. 하지만 한두 주가 지났는데도 바뀐 루틴이 몸에 붙지 않는다면 게다가 딱히 이를 이루고 싶은 마음도 없다면, 기상 시간을 종전으로 미루는 편이 낫다.

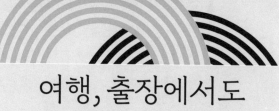

9장

여행, 출장에서도
루틴을 사수한다

모닝루틴 여행용 키트

때론 잠시 벗어나는 게 최고지!

멀리 이동할 때도 모닝루틴을 지킨다는 것은 불가능해 보인다. 시도해본 적은 있지만 계속할 수는 없겠다고 생각했을 것이다.

하지만 여행이나 출장 중에도 충분히 모닝루틴을 지킬 수 있다. 혹은 임시 루틴을 세울 수도 있다. 수시로 호텔에 머물며 일하는 사람도, 일 년에 몇 차례씩 집을 비우는 사람도 모닝루틴을 유지하며 산다.

이번 장에서는 저술가이자 여행가인 크리스 길아보Chris Guillebeau가 해마다 최소 20개국을 방문하면서도 자신의 모닝루틴을 창작 활동의 중심에 두는 이유를 들어본다. 패션모델이자 문화 활동가인 카메론 러셀Cameron Russell은 어느 도시에 머물며 무슨 일을 하든지 언제라도 자신의 모닝루틴을 지키기 위해 들이는 노력을 일러준다. 방탄커피를 창시한 데이브 아스프리의 이동 시 모닝루틴은 찬찬히 읽어야 믿어질 것이다. 유명인 6인의 출장 루틴은 어떤 것인지 들어보자.

공간과 무관한 루틴을 유지한다.
예를 들어 독서 같은 것

카메론 러셀Cameron Russell
패션모델 겸 문화 활동가

어떤 모닝루틴을 갖고 있나요?

하루하루가 천지 차이입니다. 출장이 많은 데다 일하는 요일도 늘 바뀌기 때문에 루틴을 갖는다는 건 결국 다른 일들에 무언가를 끼워 맞추는 것을 의미합니다.

이른 아침(아침 6시 전인 경우)에 호출이 있는 날은 대개 5분 전에 일어나서 옷을 입고 후다닥 뛰어나갑니다. 이보다 호출이 늦을 때는 잠에서 깨어나 차와 아침 식사를 즐기고, 긴 기사 몇 개나 책 일부분을 읽을 만큼 여유 시간이 있습니다.

다른 사람의 글을 읽는 시간은 언제나 선물 같습니다. 글쓴이의 깊은 생각 속에 머무는 것을 좋아하고, 종종 여기서 영감을 얻어 저만의 글을 쓰곤 합니다. 대개 출근길에 글을 쓰는데 휴대전화에도 쓰고, 저의 글과 메모를 보관하는 이메일 계정에 써두기도 합니다.

이 루틴을 얼마나 지켜왔나요? 달라진 것은 없나요?

엄격한 루틴을 좋아하지는 않습니다. 읽고 쓸 수 있는 공간을 만들려고 노력하지만, 하루를 시작할 때는 열린 마음으로 모험과 예측 불가능한 일들을 맞이하려고 노력합니다. 가령 시차 때문에 새벽 4시나 5시에 눈이 떠질 때, 저와 파트너는 뜻밖에 생긴 이른 시간을 활용해 8~16킬로미터 정도 걸으면서 못 가봤던 시내 곳곳을 둘러보고 돌아와 하루를 시작합니다.

지난봄에는 30일간 눈 뜨자마자 글을 쓰며 보냈습니다. 정말 환상적이었죠. 그때로 돌아가고 싶네요! 저는 이른 아침과 늦은 밤에 가장 능률이 오릅니다. 이메일에 답변하거나, 소셜 미디어를 확인하거나, 휴대전화에 신경 쓰지 않아도 되는 시간은 그때뿐이거든요. 여름 동안에는 실험 차원에서 2주간 새벽 5시에 일어나 달리기와 명상을 한 다음 일을 시작했습니다. 그것도 물론 환상적이었지만 날마다 실행하기에는 그리 현실적이지 않았습니다.

수월한 아침을 보내기 위해 전날 밤에 하는 일이 있나요?

저는 업무상 짐을 챙겨 밖에서 지낼 때가 많습니다. 그만큼 그날그날 무슨 옷을 입을지 미리 알고 있다는 거죠. 약속한 시간보다 5분 일찍 일어나서 바로 일에 뛰어들 수 있도록 융통성을 갖추는 것을 좋아합니다. 휴대전화에 기사를 저장하거나 책 일부를 읽어뒀다가 아침에 일어나서 다시 보곤 합니다. 거의 항상 할 일 목록을 만들기 때문에 다음 날 일어나면 어디서부터 시작해야 할지 정확히 압니다.

아침 운동 루틴도 있나요?

저는 일하기 전에 저만의 공간을 갖기를 좋아합니다. 틈날 때마다 하루 일을 시작하기 전에 지적인 또는 신체적인 모험을 해보려고 노력하죠. 어쩔 수 없이 트레드밀을 이용하거나 스핀 수업에 갈 때면, 이 정도 시간과 노력이라면 자전거 타기나 달리기로 시내를 누비는 편이 훨씬 신나겠다는 생각이 듭니다.

시작 지점에서 멀리 떨어진 곳까지 승용차, 지하철, 버스의 도움 없이 내 몸만으로 갈 수 있다고 생각하면 어마어마한 자유가 느껴집니다.

주말에도 이 루틴을 따르나요?

네. 저는 다양한 일을 하지만 전부 프리랜서 일입니다. 13년간 해온 모델 활동을 발판 삼아 대안 콘텐츠와 문화를 주류 문화에 소개하는 멀티미디어 제작 활동도 하고 있습니다. 대개 활동가의 관점에서 제작하죠. 그동안 제가 직접 쓰고 제작한 멀티미디어 프로젝트의 주제는 기후변화에서 인종, 성 평등에 이르기까지 다양합니다. 주로 한두 프로젝트를 정해놓고 모델 촬영

일, 주말, 비행기 탑승 사이사이에 짬을 내서 작업합니다. 지금 도 많은 작품을 집필 중이며, 단편영화는 2편을 제작하고 있습니다. 하나는 미디어 대표성에 관한 것이며 다른 하나는 기후변화를 다룹니다.

실패할 때는 어떻게 하나요?

제가 꼭 지키는 유일한 루틴은 날마다 독서 시간을 확보하는 것입니다. 머리 손질과 메이크업을 받으며 앉아 있든지, 비행기를 타고 있든지, 지하철이나 택시 안에 있든지, 차를 마시며 책상 앞에 있든지 독서는 제 하루를 시작하는 좋은 방법입니다.

장소마다 루틴을 변형한다

크리스 길아보 Chris Guillebeau
《네 인생인데 한 번뿐인데 이대로 괜찮아? The Art of Non-Conformity》 저자

어떤 모닝루틴을 갖고 있나요?

우선 말씀드릴 것이 있습니다. 저는 해마다 최소 20개국을 다니며 국내에서도 16만 킬로미터 이상을 오갑니다. 지금만 해도 30개 도시를 방문하는 북 투어가 시작돼 5주간 거의 매일 다른 곳에서 눈을 뜹니다. 그래서 루틴이 없을 때도 있고, 루틴을 따를 때도 시간대에 따라 변화가 매우 큽니다.

최근 인도네시아 자카르타에 있는 동안에는 밤교대 근무와 비슷한 형태로 일하며 한 주를 보냈습니다. 밤에 프로젝트 작업을 하고, 오후 2시에 일어나 '모닝커피'를 마시는 일정을 따르다 보니 모든 것이 뒤로 밀렸습니다. 갈피를 못 잡겠더군요. 호텔 식당이 문 닫기 직전인 밤 10시경에 가서 '점심'을 먹었거든요. 그런 다음 정상적인 조식 시간에 '저녁'을 먹고는 해가 뜰 때쯤 잠들었습니다.

오리건주 포틀랜드에 있는 저의 집 또는 미국이나 캐나다 안에 머물 때의 평소 루틴은 말씀드릴 수 있습니다. 저는 일찍 일어나려고 노력하는 편입니다. 보통 새벽 5시 반이나 6시에 일어

나죠. 그런 다음 즉시 물 두 잔을 마십니다. 첫 번째 커피를 내린 다음 20분간 뉴스를 보거나 밤사이에 수신함이나 소셜 피드에 급한 소식이 들어오지 않았는지 확인합니다. 그런 다음 모드를 전환합니다. 샤워하고, 사무실로 향하는 길에 아침 식사를 챙기고, 자리에 앉아 더 '실제적인 일'에 돌입합니다.

책을 쓸 때는 아침마다 적어도 2시간을 집필에 할애하려고 노력합니다. 종종 인터뷰나 전화 통화가 있습니다. 대개 하루에 한두 번이지만 그보다 많을 때도 있고, 날마다 한두 차례 회의도 있습니다. 그런 와중에도 가능하면 오전 8시~11시는 저만의 작업 시간으로 확보해두려고 노력합니다. 목록에 있는 업무와 프로젝트를 하나하나 해나갈 때는 소다수를 마시고 편안한 음악을 듣습니다.

이 루틴을 얼마나 지켜왔나요? 달라진 것은 없나요?

지난 10여 년에 걸쳐 이 루틴에 정착했습니다. 그 기간에도 물론 활발하게 이곳저곳 다닐 일이 많았죠. 개인적으로 2002년부터 2013년까지 전 세계 모든 나라를 방문하겠다는 목표가 있었는데 그러려면 엄청난 융통성이 필요했습니다. 하지만 매번 집에 돌아와 있을 때는 다시 루틴으로 돌아가기 위해 열심히 노력했습니다.

실패할 때는 어떻게 하나요?

받아들일 만한 실패가 있고 그렇지 않은 실패가 있다는 것이 최선의 표현일 겁니다. 잠을 설쳤거나 수분이 부족했다면 그날 징조가 나쁩니다. 주의력이 흩어지고 집중력도 떨어지죠. 반면 평소보다 조금 더 늦게 일어난 것쯤은 큰 문제가 되지 않습니다.

그 밖에 덧붙이고 싶은 내용이 있나요?

제 삶은 이동이 잦은 탓에 매우 산만해 보일 수도 있지만 저는 루틴을 사랑합니다. 루틴은 창작 활동에 도움을 주었으면 주었지 해가 되지는 않았습니다. 수시로 루틴을 충실히 따르지 않았다면 다양한 영역에서 꾸준히 결과물을 내놓지 못했을 겁니다.

이동은 스트레스다.
수면에 더욱 신경 쓴다.

데이브 아스프리Dave Asprey
방탄커피 창시자, 바이오해커 Biohacker**(전문기관에 소속되지 않고 독자적으로 바이오 분야를 연구하는 사람―옮긴이)**

어떤 모닝루틴을 갖고 있나요?

야행성이긴 하지만 학교 수업이 있는 요일에는 대개 아침 7시 45분에 일어납니다.

제일 먼저 전날 밤 어떻게 잤는지 확인하며 수면의 질을 점검합니다. 이를 위해 한두 가지 앱을 사용하죠. 그런 다음 식구들을 위해 방탄커피와 아침 식사를 준비합니다. 저희 부부는 물론 학교에 다니는 두 아이도 아침에 방탄커피 60그램 정도를 마십니다. 두뇌를 깨우고 오전 내내 원기를 유지하기 위해서죠. 금속 필터를 사용해 몸에 좋은 커피 오일을 보존하고, 내려놓은 방탄 커피에 목초 버터, 방탄 브레인옥테인 오일(Brain octane il, 목초 무염 버터와 코코넛오일로 만든 오일―옮긴이)을 넣고 방탄 콜라겐 단백질도 자주 섞습니다. 저는 빈속에 섭취하는 것이 가장 좋은 보충제도 다 챙겨 먹습니다. 커피를 마신 후에는 지방과 함께 먹을 때 가장 잘 흡수되는 보충제를 먹습니다.

아침을 먹고 나면 아이들을 학교에 데려다줍니다. 아침 시간에는 평화로운 분위기 속에 가족에게 충실하기 위해 아이들을 학교 앞에 내려줄 때까지 휴대전화를 비행기 모드로 해둡니다. 아이들과 헤어지고 나서야 휴대전화를 켜서 급한 문자가 들어오지 않았는지 확인하죠. 그런 일은 매우 드물지만요.

아이들이 학교에 가고 나면 저만의 모닝 업그레이드를 시작하는데 이는 요일에 따라 달라집니다. 모든 내용은 이미 캘린더에 적혀 있어서 따로 생각할 필요가 없습니다. 모닝 업그레이드에 꼭 포함되는 최소한의 활동이 있습니다. 태평양 연안 북서부가 겨울을 보내는 동안에는 자외선을 쬐며 20분간 방탄 바이브(Bulletproof Vibe, 30헤르츠의 주파수로 진동하는 전신 진동 플랫폼—옮긴이) 위에 서 있습니다. 여름에는 셔츠를 벗고 밖에 나가 햇볕을 쬐는 전통적인 방식으로 자외선을 쬐죠.

요일에 따라 시간을 정해놓고 뉴로피드백(Neurofeedback, 뇌파를 활용하여 뇌 기능을 향상하는 일종의 바이오피드백 기법—옮긴이)이나 추가 운동을 합니다. 어떤 날은 바스퍼Vasper라는 기구를 사용하는데요. 이 기구를 활용하면 21분 만에 유산소 운동 2시간 반을 지속한 효과를 낼 수 있습니다. 다른 날에는 공을 재빠르게 서브하는 탁구 로봇을 상대로 탁구를 합니다. 일종의 두뇌 훈련으로서 좌뇌, 우뇌의 연결을 강화하는 효과가 있습니다.

이 순서를 마치면 그날 업무를 시작합니다. 저의 하루는 '자유 시간', 각종 약속, 가족과 보내는 시간까지 분 단위로 촘촘하게 짜여 있습니다. 다음에 무엇을 할지 전혀 생각할 필요가 없습니다. 캘린더에 다 적혀 있으니까요.

이 루틴을 얼마나 지켜왔나요? 달라진 것은 없나요?

약 5년 전에 첫째 아이가 학교에 들어가면서부터 이 루틴을 지켰습니다. 아이들이 있기 전에는 달랐죠. 더 늦게 일어나서 한 시간가량 명상하고 노래도 하면서 원하는 것은 뭐든지 했어요. 하지만 부모의 모닝루틴은 자녀가 없는 사람들의 루틴과는 천지 차이라는 사실을 잘 알아야 합니다.

몇 시에 잠자리에 드나요?

저는 야간에 활발한 편이라 밤늦게 업무 성과가 가장 좋습니다. 아침에는 훨씬 능률이 떨어지죠. 제가 가장 활발하게 일하는 시간대는 밤 9시부터 새벽 2시까지입니다. 제 몸이 활동을 끝내고 쉬고 싶어 하기 전까지는 마음 놓고 밤 시간을 누립니다.

수월한 아침을 보내기 위해 전날 밤에 하는 일이 있나요?

수면은 제게 매우 중요합니다. 저는 항상 개운하게 일어나려고 여분의 노력을 기울입니다. 숙면을 취하는 가장 수월한 방법 하나는 암막 커튼으로 모든 빛을 차단하고, 검은색 테이프를 활용해 전자 기기에서 나오는 작은 불빛을 모두 막는 것입니다.

아침에 해야 할 가장 중요한 일은 무엇인가요?

저에게 가장 중요한 일은 그저 가족들과 시간을 보내거나 아이들을 학교까지 데려다주는 것이 아닙니다. 그런 활동 속에서 진심으로 가족들과 함께하려고 노력하는 거죠. 아이들을 학교에 데려다주면서도 머릿속으로는 내내 일을 생각하거나 휴대전화를 확인하기가 쉽거든요.

전자 기기가 아닌 가족들에게 저의 의식적인 주의를 온전히 기울이려고 노력합니다. 이렇게 하는 한 가지 방법은 학교 가는 길에 아이들에게 이야기를 들려주는 겁니다. 단순한 이야기가 아닙니다. 지난 3년간 아침마다 조금씩 쌓아온 이야기인데요. 우리 아이들이 이야기 속의 주인공들입니다.

밖에서 머물 때는 어떻게 하나요?

밖에서 머물 때 제 루틴에 반드시 추가하는 몇 가지 요소가 있습니다. 첫째, 아이들 없이 이동할 때는 대체로 조금 더 오래 잡니다. 몸 상태에 따라 보통 아침 8시 반이나 9시에 일어나죠.

저는 1년에 125일을 돌아다닙니다. 솔직히 호텔 객실에는 사람을 지치고 약하게 만드는 정크 라이트(Junk light, 인공 광원이 방출하는 빛의 특정 파장─옮긴이)가 가득하고 공기 질도 매우 나뽑니다. 집이 아닌 곳에 머물 때면 우선 깜박거리거나 반짝이는 불빛을 모두 찾아내 검은색 테이프로 가려둡니다.

비행기와 호텔에 있을 때는 트루다크(TrueDark, 청색광 필터기) 안경을 더 많이 착용하고, 반드시 슬립 모드(Sleep Mode, 수면 보충제)를 복용합니다. 이 보충제에는 소량의 생체동일성 멜라토닌이 들어 있어 주변 환경이 좋지 않을 때도 양질의 수면을 얻게 합니다. 호텔에서 일어나면 항상 창문을 열어 상쾌한 바깥 공기와 햇빛을 들입니다. 기운을 높이고 하루 일을 시작하기 전에 온몸과 두뇌를 제대로 준비하려면 아침 햇빛이 꼭 필요합니다.

밖에서 머물 때는 보충제를 별도로 담아 갑니다. 저는 최소한 180세까지는 살겠다는 목표 아래 날마다 약 120알의 보충제를 먹습니다. 멀리 이동할 때는 따로 운동하는 것이 몸에 무리가 되더군요. 부족한 수면, 비행, 새로운 시간대, 완벽하게 조절할 수 없는 음식의 질 등이 안겨주는 스트레스를 고려할 때, 격렬한 운동으로 몸에 또 다른 부담을 줄 필요는 없습니다.

실패할 때는 어떻게 하나요?

제가 루틴을 따르는 목적은 스트레스 해소가 아니라 회복탄력성과 의식적인 자각을 유지하는 것입니다. 저는 하루 동안 높은 성과를 이룰 생각으로 루틴에 의존하지는 않습니다. 루틴이 자연스럽게 제 안에 신체적인 힘과 회복탄력성을 길러주죠.

피터 발리타Peter Balyta
텍사스 인스트루먼트 Texas Instruments, TI **에듀케이션 테크놀로지**Education Technology **대표**

어떤 모닝루틴을 갖고 있나요?

먼 길을 이동하지 않는 날에는 새벽 5시 20분에 일어나 바나나
한 개와 물 한 병을 들고, 이메일을 잠깐 훑어보며 그날 일정을
확인한 뒤 헬스장으로 운동하러 갑니다.

저는 자제력이 강한 편인데 특히 운동만큼은 잘 지킵니다. 어
릴 때 캐나다에 살면서 하키 훈련을 받느라 이른 아침에 모닝콜
을 받는 것이 자연스러운 루틴의 일부였는데 아마 그 영향 때문
인 듯합니다.

한때 달리기와 철인 3종 경기를 놓고 수년간 훈련했던 적이
있었는데 그때는 주로 장거리 달리기나 자전거 타기로 하루를
시작했습니다. 챙겨야 할 일이 더 많아지고 저의 최우선순위인
가족이 불어나면서 틈틈이 철인 3종 경기를 위한 훈련 시간을
확보하기가 어려워졌습니다. 게다가 반복 운동이 점점 지겨워
지기도 했던 터라 아이들과 함께할 무술로 돌아왔습니다. 그런
데 아이들은 검은 띠를 얻고 나더니 다른 목표를 좇고 싶어 하

더군요. 1~2년 전에 문득 저의 운동에 구멍이 난 것 같다는 생각이 들었고, 그때부터 지금의 루틴에 빠지게 되었습니다. 지금 루틴은 아주 마음에 듭니다. 제가 할 일이라곤 새벽 5시 55분에 헬스장으로 걸어 들어가는 것뿐, 그 후로는 코치분들이 알아서 해주시니까요. 먼저 가벼운 스트레칭으로 몸을 풀고 나서 끊임없이 동작을 바꿔가며 그날 해야 할 고강도 운동에 집중하는 거죠. 이 운동의 묘미는 여기에 있습니다. 현실 세계처럼 날마다 해야 할 운동이 달라서 매번 새로운 도전과제가 생기거든요. 이렇게 하는 목적은 근력, 지구력, 컨디셔닝(Conditioning, 자신의 기량을 최대한 발휘하도록 돕는 신체적·심리적·영양적 관리 방법 — 옮긴이)을 성장시키되 같은 활동에 익숙해지지 않게 하려는 것입니다. 운동을 마치면 잠시 땀을 식히고 나서 집에 돌아옵니다.

아침 식사를 위해 7시쯤 집에 돌아오면 온 식구가 깨어 있습니다. 아침 식사 시간은 가족들과 소중한 대화를 나누는 하루 중 최고의 순간입니다.

알람에 맞춰 일어나나요?

저는 이동하는 일이 많아서 잠잘 때마다 타이머를 맞춥니다. 밖에 있을 때는 짧게나마 휴식 시간을 꼭 가지려고 노력합니다. 특히 다른 시간대를 오가며 일할 때는 더욱 이 부분에 신경을 씁니다.

운동 루틴을 자세히 설명해줄 수 있나요?

헬스장에 있든 호텔에 있든 상관없이 저만의 '일일 운동' 루틴과 함께 아침을 엽니다. 이 운동은 신체적 운동과 정신적 운동을 결합한 것이어서 좋을 뿐더러 밖에 있을 때도 운동 루틴을 지킬 수 있어서 유익합니다.

저는 수학과 기술 입문 분야를 공부했고, TI 센터에서 제가 하는 일도 과학과 수학 교육에 관한 것입니다. 그래서 저는 STEM(과학, 기술, 공학, 수학) 기술을 운동에 활용합니다. 그렇다고 괴짜처럼 지나치게 파고드는 건 아닙니다. 단지 전환 시간을 결정할 때는 수학을 활용하고, 바벨 운동 때 몸을 쓰는 방법을 결정할 때는 물리를 활용하는 거죠. 이동 중이어서 옆에 코치가 없을 때는 이런 기술의 효과를 톡톡히 봅니다. 수학과 물리를 활용하면 제가 머무는 환경 속에서 어떻게 하면 최고의 훈련을 할 수 있을지 알게 되거든요. 때로는 플라이오메트릭(Plyometric, 점프 운동 등 순발력과 민첩성을 기르는 훈련—옮긴이)과 체중을 이용한 근력 운동을 위해 운동 밴드를 챙겨가기도 하고, 의자와 같이 호텔에서 찾을 수 있는 물건을 활용해서 운동할 때도 있습니다.

특정 앱이나 제품을 활용해서 모닝루틴을 강화하나요?

집에 있을 때는 잡음을 제거해주는 스피커를 침대 옆에 둡니다.

귀마개도 매우 유용합니다. 특히 비행기에서 잠시 눈을 붙일 때는 귀마개가 큰 도움이 되죠. 이 상태에서 안대를 착용하고 백색소음이 나오는 앱도 켜놓으면 무난하게 이동할 수 있습니다.

밖에서 머물 때 어떻게 하는지 자세히 설명해주세요.

제 업무는 세계 곳곳을 돌아다녀야 하는 일입니다. 이동 중에는 식당 조식을 피해 집에서와 같은 아침 식사 루틴을 지키려고 노력합니다. 영국에서는 왕가에서 사용하는 것과 같이 모든 기구를 갖춘 헬스장에서 운동한 적도 있고, 상하이에서는 열아홉 살인 현지 청소년들과 함께 야외에서 태극권도 해봤습니다. 달리면서 정신을 맑게 하는 것이 좋아서 지금도 어디에 있든지 달리기 시간을 만들려고 적극적으로 기회를 찾습니다. 중국의 만리장성, 뮌헨의 이자르강, 파리의 샹드마스를 따라 조깅하면서 얼마나 많은 문제를 해결했는지 모릅니다. 어디에 있든지, 어떤 환경 속에 머물고 있든지 제 주변에 있는 것을 최대한 활용해서 운동하려고 노력합니다.

장소에 맞게 운동하고
장소에 상관없이 명상한다

멜로디 홉슨Mellody Hobson

아리엘 인베스트먼츠 Ariel Investments **사장, 드림웍스 애니메이션**DreamWorks Animation **이사 회 의장**

어떤 모닝루틴을 갖고 있나요?

저는 시카고와 샌프란시스코에 삽니다. 머무는 장소에 따라 대체로 새벽 4시~5시에 일어납니다. 알람을 맞춰두긴 하지만 알람이 울리기 전에 일어날 때가 많습니다. 침대에서 나오기 전에 먼저 긴급한 이메일이나 뉴스 알림을 확인합니다.

저는 하루의 첫 시간을 운동과 신문 읽기에 오롯이 할애합니다. 〈CBS 모닝쇼〉에 출연하는 날에는 머리와 메이크업, 그 외 필요한 준비를 위해 태평양 표준시 기준 새벽 1시 정도까지 일찍 일어납니다.

이 루틴을 얼마나 지켜왔나요? 달라진 것은 없나요?

이 루틴을 따른 것은 20년이 넘었을 겁니다. 최근 몇 년 동안은 어린아이가 있어서 기상 시간이 훨씬 더 들쑥날쑥했습니다. 전에는 운동을 생각해 새벽 4시에 일어나는 것을 철저하게 지켰다면, 지금은 딸아이가 일어날 때까지 좀 더 기다려주고, 일 때문에 먼 거리를 이동할 때면 더더욱 느긋하게 일어납니다.

일어나서 얼마 만에 아침 식사를 하나요?

운동하고 나서 먹습니다. 보통 잘 삶은 달걀 2개를 먹고, 음료는 그날 기분에 따라 커피나 차를 마십니다. 운동 중에는 물 2리터를 마십니다.

운동 루틴을 자세히 설명해줄 수 있나요?

운동 루틴이 있긴 하지만 아침을 어디에서 맞이하느냐에 따라 달라집니다. 이곳저곳을 이동하면서 몇 년을 보내고 나니 주요 도시에 맞게 나름의 루틴을 만들 수 있었습니다. 저는 달리기, 웨이트 트레이닝, 수영, 스핀 등의 운동을 합니다. 운동을 못할 때면 온종일 머릿속이 맑지 못한 느낌이 듭니다. 휴식과 운동은 제가 최상의 컨디션을 이루는 데 꼭 필요합니다.

아침 명상은 어떤가요?

따로 명상을 하지는 않지만 제게는 목욕 시간이 무척 소중합니다. 아침마다 목욕을 하면서 바짝 조였던 긴장을 풀죠. 시카고의 추운 겨울날 밖에 나가 달릴 때, 따뜻한 목욕을 떠올리며 돌아오는 길에 더 속도를 냅니다.

아침에 해야 할 가장 중요한 일은 무엇인가요?

저는 아침마다 종이로 된 신문을 읽습니다. 온라인 기사보다 손에 들고 읽는 신문이 더 좋더라고요. 《뉴욕타임스》, 《월스트리트저널》, 《USA 투데이》를 읽는데 최근 《파이낸셜타임스》도 추가했습니다. 시카고에 있을 때는 《선-타임스Sun-Times》도 읽습니다.

파트너는 그런 루틴에 어떻게 맞춰 주나요?

제 남편은 제가 운동하는 동안 '침대를 굳건히 지키고' 있습니다. 새벽 4시는 남편과 딸아이가 한참 잠들어 있을 시간이니까요!

M. G. 시글러M. G. Siegler
GV(알파벳의 벤처투자조직)의 무한책임사원GP

어떤 모닝루틴을 갖고 있나요?

런던에서 미국으로 온 지 얼마 되지 않아 지금도 정상적인 저의 일과를 찾아가는 중입니다. 런던에 있을 때는 밤늦은 시간에 미국과 통화할 일이 많아서 보통 아침 8시~9시에 일어났습니다. 그러고는 제가 잠자는 동안 급한 메시지가 들어온 것이 없는지 재빨리 확인했죠.

시급한 메시지가 없다면 《뉴욕타임스》와 더불어 전날 온라인으로 저장해둔 기사를 읽을 때가 많았습니다. 이때 병에 든 스타벅스 프라푸치노를 마시곤 했습니다. 저의 약혼자를 포함한 몇몇 사람들은 이 음료를 몹시 싫어하더군요. 하지만 이것은 제가 어렸을 때부터 마셨던 거라서 어쩔 수가 없습니다.

10시쯤 되면 본격적으로 이메일을 살펴봅니다. 영국에서는 이 시간에 메일 업무를 즐겨 했습니다. 그때쯤 미국 사람들은 아직 다들 자고 있을 때라서 아무도 곧장 답신할 수가 없거든요. 저는 이메일을 너무 싫어한 나머지 하루에 딱 한 번만 보고,

최대한 이메일이 왔다 갔다 하지 않게 만들려고 노력합니다. 이렇게 하고 나면 점심때가 되는데 주로 이때부터 그날의 회의를 시작하곤 했습니다.

이 루틴을 얼마나 지켜왔나요? 달라진 것은 없나요?

미국에 온 뒤로 루틴이 살짝 바뀌었습니다. 아침 대신 밤에 이메일 업무를 하죠. 이렇게 바꾼 이유도 사람들이 즉시 답신하지 못할 때 이메일을 보내고 싶어서입니다!

미국에서는 마운틴뷰 시에 있는 사무실에 갈 때 더 일찍 일어나는 편입니다. 그렇지 않으면 오전에 한두 차례 회의에 참석하죠. 일정이 명확하게 잡혀 있으면 이 시간에 글을 쓰곤 하지만 그런 날은 드뭅니다.

거주지에 따른 변화와 관계없이 전보다 훨씬 일찍 일어납니다. 기술 분야를 다루는 기자로 일할 때는 대개 한밤중까지 일하고 새벽 3시나 4시에 잠자리에 들곤 했습니다. 오전 10시나 11시까지 잤죠. 저는 보통 7시간을 자는데 기술 관련 내용으로 블로그에 글을 올릴 때는 6시간 잘 때가 많았고, 5시간밖에 못 잘 때도 있었습니다. 지금은 훨씬 좋아졌습니다. 그때는 일어나자마자 컴퓨터 앞에 앉아 그날그날 기술 분야에 일어나는 흥밋거리를 찾아내 아무거나 쓰곤 했거든요. 아침에는 아무것도 입에 대지 않았지만 프라푸치노만은 마셨습니다.

일어나서 얼마 만에 아침 식사를 하나요?

오전 회의가 있다면 아침 식사를 할 때도 있지만 대개는 프라푸치노만 있으면 됩니다.

아침에 해야 할 가장 중요한 일은 무엇인가요?

읽기입니다. 무언가를 읽고 나면 새로운 아이디어와 영감을 얻어 그날 하루에 뛰어들 수 있거든요. 보통은 뉴스 기사를 읽지만 때로는 미리 저장해둔 긴 기사도 읽습니다.

아침에 제일 처음 마시는 것은 무엇이며 언제 마시나요?

다시 한번 명확히 말씀드리면 병에 든 프라푸치노를 마십니다. 스타벅스를 홍보하려는 목적에서 하는 말은 절대 아닙니다.

밖에서 머물 때는 어떻게 하나요?

이 부분이 제 약점입니다. 저는 습관의 노예라서 루틴의 한 부분만 달라져도, 가령 프라푸치노를 못 마시는 경우에는 모든 것이 틀어지고 맙니다. 그래도 작은 커피숍이 아니라 스타벅스의 프라푸치노가 루틴이다보니 대부분의 장소에서 루틴을 지킬 수 있습니다. 어떻게 보면 좋은 점이라고 할 수도 있죠. 이로써 새로운 상황에 맞춰 적응하게 되고, 때로는 루틴을 좀 바꿔봐야겠다고 깨닫는 계기를 얻기도 하니까요.

나만의 루틴 만들기

먼 길을 오갈 때는 꼼꼼하게 미리 계획을 세우고 짐과 함께 마음가짐도 단단히 챙기지 않으면 모닝루틴을 지키기 어렵다. 이럴 때는 그때그때 상황에 맞는 특별한 모닝루틴을 따르는 것도 유익하다. 집에서 지키는 루틴과 비슷하지 않아도 좋으니 밖에 있는 동안 자신의 필요를 충족시킬 루틴을 세우면 된다.

> "나는 스타인벡의 소설 속 이주민들이 미국의 황진지대에서 삶이 망가졌던 것보다 훨씬 더 자주 (생산성의) 마차에서 떨어지곤 했다. 이곳저곳을 이동하다 보면 그렇게 된다."
>
> — 윌 피치Will Peach, 저술가

"신기하게도 집 밖에 나와 있을 때면 평소보다 훨씬 일찍 일어납니다. 생산적인 여행을 마치고 나면 언제나 영감이 넘쳐 집에 돌아가면 '새로운 나'로서 날마다 꼭두새벽에 일어날 거라고 생각하죠. 하지만 일주일도 되지 않아 예전 방식으로 돌아갑니다."

― 징 웨이Jing Wei, 일러스트레이터

능률을 높여주는 호텔 운동

이는 특히 혼자서 이동할 때 효과가 있다. 호텔 객실에서 일할 때면 집에 있을 때 주의를 분산시켰던 모든 요소가 사라지기 때문이다. 고급 차茶를 판매하는 앤디 헤이즈Andy Hayes는 이렇게 말했다. "호텔은 조용하게 마음을 챙기며 아침을 보낼 수 있는 훌륭한 장소라고 생각합니다. 냉장고를 깨끗이 치워야겠다든지, 책상을 정돈해야겠다는 유혹이 들지 않으니까요."

호텔에서 모닝루틴을 따를 때, 주의를 분산시키는 요소를 과하게 끌어들이지 않으면서도 익숙함을 더하는 방법은 전기 주전자나 블렌더를 챙기는 것이다. 그러면 객실을 나서지 않고도 자신이 좋아하는 음료를 만들 수 있다.

사전에 똑똑하게 일정 계획하기

모닝루틴을 방해하지 않는 항공 일정을 수립하자. 비행기 안에서 숙면을 취하는 경우, 밤새 이동해서 이른 아침에 목적지에 도착하는 일정으로 항공편을 예약해보자. 이렇게 하면 목적지에 발을 딛는 순간부터 활발할 야외 모닝루틴을 즐길 수 있다.

환경이 달라지면 원활하게 일하지 못하는 경우, 중요한 프로

젝트를 진행하는 동안에는 전혀 이동하지 않는 편을 택하는 것
이 좋다. 당분간은 모든 이동 일정을 유보했다가 프로젝트를 마
친 뒤에 일정을 잡는 쪽을 택하자.

상황에 맞는 계획을 세워 꼭 지키기

호텔 객실에서 아침을 열 때는 계획을 충실히 지키기가 어렵기
마련이다. 평소 이동이 많은 사람은 아예 모닝루틴을 간단하게
유지하는 것이 좋다. 그러면 집에서 벗어나 있어도 달라진 환경
에 맞춰 조정할 일이 적다.

> "저의 일정은 언제 어떻게 바뀔지 모르기 때문에 항상 적응할 준비
> 가 돼 있어야 합니다. 이동 중에는 운동을 일정에 끼워 넣을 수 있
> 도록 항상 여행 가방에 얇은 운동화, 양말, 운동 물품을 담아둡니
> 다. 세운 일정은 꼭 지키는 편입니다."
>
> ― 케빈 워런Kevin Warren, 제록스 최고 커머스 책임자CCO

집에서의 루틴을 최대한 그대로 따르고 싶다면, 모닝루틴 중
밖에 있을 때도 꼭 지키고 싶은 주요 활동을 생각해보자. 명상,
요가, 가벼운 스트레칭 등 무엇이라도 상관없다. 이렇게 정한
것은 집을 벗어나 있을 때도 루틴에 꼭 포함시키자.

밖에 있는 동안 자신의 모닝루틴을, 또는 짧게 조정한 루틴을 완벽히 따르지 못했다고 자신을 너무 심하게 몰아붙이지 말자. 호텔 객실에 혼자 머물든, 친구 집 소파에서 자든 상관없이 밖에 있으면 집에서만큼 능률을 내기 어렵다는 사실을 인정할 필요도 있다. 자신이 잘못하고 있는 것이 아니다.

"루틴은 참 묘합니다. 잘 지키든 못 지키든 항상 어느 정도 스트레스를 느끼니 말입니다. 어떤 경우든 썩 홀가분하지는 않습니다."

— 스티븐 헬러Steven Heller, 전 《뉴욕타임스》 아트 디렉터 겸 뉴욕 스쿨오브비주얼아트
(SVA) 석사 과정 디자인 프로그램의 공동 학과장

다음번에 친구 집이나 친척 집에서 머물 일이 생기면, 벤자민 프랭클린이 자신의 저서 《가난한 리처드의 달력Poor Richard's Almanack》에서 "생선과 손님은 3일이 지나면 냄새를 풍긴다."고 했던 유명한 경구를 기억하자. 방문한 곳에서는 최대한 빨리 나오고, 그곳에 머무르는 동안에는 그 집 사람들의 모닝루틴을 따르는 편이 바람직하다. 저술가인 폴 프렌치(Paul French)는 이를 다른 말로 멋지게 표현했다. "새벽은 타인의 집에서 법석을 부리고 용서받을 수 없는 시간이다. 나는 그 시간에 사람들을 깨우거나 누군가의 고양이를 화나게 만들지 않을 일만 한다."

뒤집어 생각하기

순간순간을 즐기고 싶은 생각에 모닝루틴을 몽땅 내팽개치고 싶은 한두 가지 경우가 있다.

1. 중요한 업무 회의와 행사를 목적으로 멀리 이동할 때
2. 여행을 목적으로 어디론가 떠날 때

첫 번째 경우에 우리가 인터뷰한 많은 사람의 이야기를 들어본 결과, 대부분 출장 중에는 애초에 출장을 떠났던 목적에 따라 기상 시간이 정해진다고 말했다. 당연히 이를 따르는 것이 마땅하다. 특히 업무차 1~2일 정도만 밖에 있고, 출장 목적이 회사나 자신의 경력에 매우 중요하다면 더더욱 그렇다. 이런 경우에는 충분히 시간을 들이면서 최선을 다해 일에 집중하되 수면만큼은 잘 챙기길 바란다.

여행을 목적으로 떠난 경우라면 순간순간 원하는 대로 행동해도 좋다. 휴가 중에는 최대한 전자 기기를 멀리하라. 가족(특히 자주 만나지 못하는 가족)의 집을 방문할 경우, 모닝루틴이 틀어지는 것을 불평하지 말고 가족과 함께하는 시간을 충분히 즐기길 바란다.

10장

모닝루틴 조절하는 법
실패해도 포기하지 말자

좀 후지지만 그렇다고
포기하진 않을 거거든요!

∘∘
∘∘

아침 시간이 원하는 대로 정확히 흘러가는 경우는 거의 없다. 따라서 모닝루틴을 깨뜨리는 요소보다 이에 대응하는 방식이 더 중요하다. 아침 시간을 함께 보낼 파트너, 다른 가족, 룸메이트가 있다면 서로의 유익을 위해 몇 가지 '지키면 좋은 일들'을 마련해둬야 할 것이다. 루틴이 없는 순간을 견디기 어려워하는 완벽주의자들을 고려해 이번 장에서는 완벽에 대한 충동을 조금씩 덜어낼 것이다.

잘 지키던 루틴을 놓치고 나서 영영 회복하지 못하는 경우가 있다. 이런 이유로 모닝루틴을 포기하는 사람도 많다. 하지만 때때로 루틴을 바꾸고 싶은 마음은 전혀 이상한 것이 아니다 (오히려 독려할 일이다). 물론 자기 상황에 맞춰서 움직여야 한다. 반드시 처리해야 할 예기치 않은 일이 아침에 덜컥 발생했다면, 남은 하루를 불필요하게 망치는 일이 없도록 얼른 상황을 해결해야 한다.

이번 장에서는 싱어송라이터 소니아 라오Sonia Rao가 자신에게 가장 잘 맞는 루틴을 찾으려고 몇 가지 루틴을 시도한 이야기를 들어본다. 저술가이자 블로거인 리오 바바우타Leo Babauta는 자신의 모닝루틴을 의도적이고 유동적으로 지키려고 노력하는 이유를 설명한다. 런던에서 수련의로 일하는 루마나 라스커 다우드Rumana Lasker Dawood는 교대근무 때문에 아침을 더 효율적으로 보낼 수밖에 없게 된 이야기를 들려준다. 유명인 7인의 루틴 실패 대처법에 대해 들어보도록 하자.

소니아 라오Sonia Rao
싱어송라이터

어떤 모닝루틴을 갖고 있나요?

아침 8시쯤 일어나서 보통은 잠시 그대로 누워 간밤에 꾼 꿈을 떠올리거나 오늘 하루에 대해 생각합니다. 그런 다음 샤워하고 옷을 차려입습니다. 대개 집에서 일하지만 그래도 그날 입을 옷을 정해서 바로 챙겨 입길 좋아합니다.

아침 먹고, 30분간 명상하고, 30분간 자유롭게 글을 씁니다. 10시가 되면 이메일, 소셜 미디어, 휴대전화를 확인합니다. 필요한 곳에 답변한 뒤로는 저녁까지 휴대전화를 꺼둡니다. 전화할 데가 있으면 잠시 켰다가 바로 끕니다. 휴대전화는 저를 미치게 만들거든요. 전원을 꺼서 치워둬야만 완전히 현재 순간에 집중할 수 있습니다. 별난 사람 같다는 것을 저도 잘 알지만 저는 하루 중 대부분의 시간을 휴대전화 없이 보내야 훨씬 더 행복하더라고요.

11시가 되면 목을 풀고, 바이올린을 연습하고, 몇 시간 동안 작업합니다. 이 시간을 참 좋아합니다. 모든 것을 잊고 음악에만 집중할 수 있거든요. 지금은 투어를 준비하는 중이라 라이브 공연 연습에 집중합니다. 투어가 끝나면 이 시간에 연습을 하는 대신 새 곡을 쓰죠.

오후 3시가 되면 늦은 점심을 먹고, 4시부터 8시 정도까지는 음악인으로서 해야 할 음악과 무관한 일을 챙깁니다. 그런 일이 정말 많거든요. 처음에 이 일을 시작할 때는 음악인의 삶에 이렇게 기업가적인 요소가 많을 줄 전혀 몰랐습니다. 이런 색다른 유형의 창의성도 사랑하지만 정말 시간이 많이 듭니다.

이 루틴을 얼마나 지켜왔나요? 달라진 것은 없나요?

지난 몇 년간 이 루틴을 지켜왔습니다. 상황에 따라 조금씩 달라지긴 했죠. 작년에 내슈빌에서 앨범을 녹음할 때는 지금과 일정이 많이 달랐습니다. 또 앞으로 몇 달간 이어지는 투어 기간에는 거의 매일 운전하고 공연하며 지내게 됩니다. 자고, 운전하고, 공연하는 생활을 계속 반복하겠죠. 이번에는 뭔가 탐색에 나서보고 싶은 마음이 간절합니다. 전에 가보지 못한 도시들을 이번에 많이 방문하거든요.

저는 서로 다른 루틴을 시도하며 계속 변화를 주면서 제게 가장 잘 맞는 것을 찾습니다. 제 사업을 하기 때문에 사실상 원하는 대로 시간을 쓸 수 있지만, 저는 주변 사람 대다수가 따르는 것과 동일한 일정대로 움직일 때 가장 생산적이고 행복하더라고요. 다른 사람이 잘 때 저도 자고, 일요일에는 남들처럼 브런치도 하고요. 수요일 한낮에 밖에 있을 때면 이런 생각이 듭니다. '내 인생이 통째로 잘못된 건가? 이 시간에 트레이더 조(Trader Joe's, 미국의 유기농 슈퍼마켓 체인점 — 옮긴이)에 있는 사람이 왜 나밖에 없지?' 그러면서 제가 선택한 삶에 의문을 던지게 되더라고요. 이런 위기를 피하기 위해 저는 대체로 '정상적인' 일정을 따르려고 노력합니다. 한때 컨설팅 회사에서 일했었는데, 퇴사하고 전적으로 음악에 뛰어들 때는 무일정을 일정으로 삼고 영감을 받을 때만 곡을 쓰겠다는 식의 생각을 했었습니다. 하지만 지금은 날마다 사람들 앞에 나타나서 곡을 쓰거나 연습하는 편을 좋아합니다. 그래야 생산성과 창의성 양쪽 측면에서 계속 전진한다는 느낌이 들거든요. 날마다 피아노 앞에 앉아서 감이 오든 오지 않든 곡을 쓰는 것을 좋아합니다. 이것이 최고의 방법입니다. 대개 앉아서 처음에 쓴 몇 곡은 형편없어서 내다 버리지만, 그 뒤에 나오는 세 번째 곡은 간직할 만합니다. 그러면 '의자에 엉덩이를 딱 붙이는' 방법이 왜 효과적인지 다시한번 깨닫게 되어 또다시 그렇게 일합니다.

몇 시에 잠자리에 드나요?

공연이 없는 날은 대개 밤 11시 30분에서 자정 사이에 침대에 눕습니다. 공연하고 돌아온 날은 너무 긴장돼 있어서 곧바로 잠들기 어렵기 때문에 더 늦게까지 깨어 있다가 잠듭니다. 잠이

올 때까지 잠시 책을 읽는 것을 좋아합니다. 새로운 이야기에 정신을 쏟지 않고서는 말짱한 상태에서 졸린 상태로 넘어가기가 무척 힘들거든요.

알람에 맞춰 일어나나요?

네. 8시간 정도 충분히 잔 날은 스누즈 버튼을 누르지 않지만, 그렇지 않은 날은 한두 번 누릅니다. 다시 잠드는 기분이 너무 좋아서 도저히 안 할 수가 없습니다.

투어 중에는 운전과 공연의 여파로 지친 상태라서 알람을 맞추지 않고 몸이 일어나고 싶을 때 자연스럽게 깨어날 때가 많습니다. 투어 중에는 건강한 상태로 좋은 기분을 유지하는 것이 정말 중요합니다. 고생스러운 투어보다는 즐기는 투어가 좋으니까요.

아침 운동 루틴도 있나요?

아니오. 항상 운동하는 사람이 되고 싶었는데 안타깝게도 운동을 싫어합니다. 아침에 진행되는 스핀 수업에 참여해봤는데 정말 괴로웠습니다. 아침 7시부터 어마어마하게 활기찬 사람이 제게 자전거 바퀴를 더 빨리 구르라며 소리를 지르는 게 너무 싫었습니다. 다시는 그 수업에 가지 않았습니다.

아침에 제일 처음 마시는 것은 무엇이며 언제 마시나요?

물 한 컵과 차이 티를 한 잔 마십니다. 하루를 보내는 동안 차이 티를 두 잔 더 마시죠. 곡을 쓰는 날은 더 많이 마십니다. 그렇지 않으면 카페인이 들어 있지 않은 차로 바꿉니다.

투어 기간 중의 루틴에 대해 설명해줄 수 있나요?

저는 든든히 중심을 잡은 안정된 상태를 좋아하는데, 음악을 하다 보면 예상치 못한 일도 많고 이동할 일도 많습니다. 집에 있을 때 스스로 일정을 만들어둔 것도 그런 이유에서죠. 일정을 세워두면 삶에 리듬이 생기거든요.

앞으로 몇 달간 투어를 다니면 34개 도시를 오갈 텐데, 어떻게 해서든 안정된 상태를 누리고 싶습니다. 아침마다 곡을 쓰고 명상하는 것은 꼭 지킬 겁니다. 하지만 이 두 가지를 제외하면 나머지 것들은 일정을 따로 만들지 않을 생각입니다. 공연 자체가 이미 일정을 따르는 것이기 때문에 남은 시간은 원하는 대로 쓰면서 머무르는 도시를 탐색하고 새로운 곡도 쓰면서 보낼 생각입니다.

오스틴 클레온 Austin Kleon
《훔쳐라, 아티스트처럼 Steal an Artist》 저자

어떤 모닝루틴을 갖고 있나요?

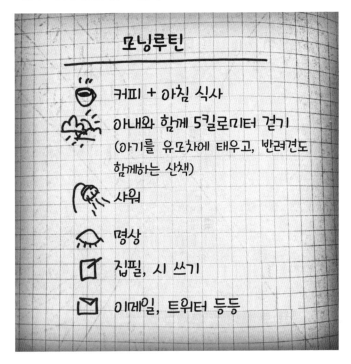

이 루틴을 얼마나 지켜왔나요? 달라진 것은 없나요?

첫 아들이 태어나면서부터 이 루틴을 지켰습니다. 직장에 나갈 필요 없이 집에서 일하면 천천히 일어나 느긋하게 하루를 시작하는 사치를 누릴 수 있습니다. 차에 타고 어디론가 가기 위해 정신없이 서두를 필요가 없으니까요. 물론 우리 가족은 일찍 일어나는 편이라 아침에 책상 앞에 앉는 시간이 직장 다닐 때보다 그리 늦어지지는 않았습니다.

일어나서 얼마 만에 아침 식사를 하나요?

곧바로 먹습니다. 보통 달걀이나 땅콩버터 토스트와 함께 스무디를 먹는데, 색다른 것이 당길 때는 아침 식사로 타코를 먹습니다.

아침 운동 루틴도 있나요?

비가 오든 눈이 오든 거의 하루도 빠짐없이 운동합니다. 우리 부부가 전투 트럭이라고 부르는 빨간색 2인용 유모차에 두 아들을 태우고 아내와 함께 동네를 따라 5킬로미터 정도 걷습니다. 힘들 때도 있고 더할 나위 없이 좋을 때도 있지만 어쨌든 꼭 필요한 일과입니다. 아이디어가 떠오르고, 계획을 세우고, 도시 주변의 야생 생물을 발견하고, 분통을 터뜨리며 정치 얘기를 하고, 우리 속의 나쁜 것들을 다 몰아내는 시간이 바로 이때입니다.

이 시간을 건너뛰는 경우는 거의 없습니다. 하루 중 가장 중요한 시간이라고 여기죠. 아침에는 회의를 잡거나 비공식적인 모임 등에 가지 않습니다. 아침 산책을 놓칠 수는 없으니까요.

아침에 해야 할 가장 중요한 일은 무엇인가요?

제가 가장 중요시하는 것은 세상사에 휘둘리지 않는 차분한 시간을 챙겨 혼자만의 생각 속에 머문 뒤 자리에 앉아 무언가를 만들어내는 겁니다.

아침에 제일 처음 마시는 것은 무엇이며 언제 마시나요?

처남에게서 좋은 커피가 무엇인지 배웠고 커피 내리는 법까지 익히게 되었습니다. 이제는 전기 주전자를 켜고, 원두를 갈고, 필터를 씻어 커피를 내리는 것이 하나의 의식이 되었습니다.

실패할 때는 어떻게 하나요?

자신을 용서하고 넘어가려고 노력합니다. 태양은 뜨고 또 지고, 내일이 오면 새로운 기회가 생길 테니까요. 루틴의 특징 중 하나는 제대로 지키지 못한 날 더 재미있는 하루를 보낼 수 있다는 점입니다. 루틴이 있기에 이를 벗어나는 날 훨씬 진한 달콤함을 느끼는 거죠(설탕 섭취를 금지하는 날 도넛을 먹는 것처럼요). 어길 수 있는 루틴 자체가 없다면 이런 쾌감도 없을 겁니다.

뜻밖의 일이 생기는 것, 그것이 원래 루틴의 성질이다

루마나 라스커 다우드 Rumana Lasker Dawood
수련의, 양재사

어떤 모닝루틴을 갖고 있나요?

첫 번째 알람은 아침 기도 시간을 위한 것입니다. 요즘 같은 계절에는 새벽 3시 정도에 일어나죠. 알람이 울리면 스누즈 버튼을 누르지 않도록 즉시 이불을 박차고 일어납니다. 그렇지 않으면 금세 다시 곯아떨어질 테니까요. 우리는 보통 어둠 속에서 기도합니다. 그 시간에 불을 켜면 왠지 모르게 거슬리고 좋지 않더라고요. 10분 정도 기도를 드리고 나면 다시 이불 속으로 들어갑니다.

아침을 알리는 주된 알람은 6시 20분에 울리는데, 이때는 스누즈 버튼을 두 번 정도 누르고 조금 더 자고 나서야 일어납니다. 오늘 입을 옷을 이미 알고 있다면 세 번 누르죠. 그다음부터는 양치, 샤워, 세수를 착착 진행한 뒤 재빠르게 옷을 다리고 히잡을 두릅니다. 여기까지 하는 데 어느 정도 시간이 걸릴지 대강 알기 때문에 이를 계산해보고 뮤즐리 한 그릇을 먹을지 말지 결정합니다. 자리에 앉아 휴대전화로 뉴스 머리기사를 훑어보면서 평화로운 순간을 누린 뒤에 서둘러 집을 나섭니다.

이 루틴을 얼마나 지켜왔나요? 달라진 것은 없나요?

낮에는 의사로 일하면서 요일별로 바뀌는 교대근무에 따라 움직입니다. 6개월마다 근무하는 병동과 분과도 달라지죠. 그러다 보니 하루하루가 조금씩 다릅니다.

지난 몇 년을 보내는 동안 제 아침 루틴의 줄기를 잡을 수 있었습니다. 히잡을 입기 시작하면서 아침 준비 시간이 확 줄었습니다. 더는 거울 앞에 서서 머리를 매만지느라 시간을 허비하지 않으니 너무 좋더라고요! 대신 그 시간에 잠을 더 잤습니다. 밤잠을 제대로 못 자면 다음 날 반드시 여파가 있거든요.

아침 운동 루틴도 있나요?

한때 저녁 늦게 교대근무가 시작되는 기간에 시험 삼아 운동 루틴을 아침으로 옮겨봤습니다. 그런데 너무 지치는 바람에 근무 중간에 갑자기 찾아드는 '피로'를 견딜 수가 없더라고요. 결국 운동 시간을 다시 저녁으로 바꿨습니다!

파트너는 그런 루틴에 어떻게 맞춰 주나요?

남편도 의사여서 수시로 근무시간이 달라집니다. 대체로 둘 중한 사람이 다른 사람보다 훨씬 이른 시간에 하루를 시작하기 때문에 서로를 방해할 일이 없습니다.

실패할 때는 어떻게 하나요?

저는 정말 '루틴'대로 움직이는 사람이라서 무언가가 틀어지면 평정심을 잃고 갈팡질팡하고 맙니다. 하지만 수련의로 일하면서 뜻밖의 일도 생길 수 있다는 마음가짐으로 주어진 상황에 대처하는 법을 배웠습니다. 이런 마음가짐으로 일터에서는 돌아가는 상황 속에 함께 맞물려 움직이죠.

매일의 루틴을 잡지 말고
특정 요일의 루틴만 잡는다

다니엘 에덴Daniel Eden
페이스북 제품 디자이너

어떤 모닝루틴을 갖고 있나요?

알람에 맞춰 아침 6시 반에 일어납니다. 눈뜨면 무조건 침대에서 나오겠다는 야무진 생각으로 휴대전화를 침대 반대편에 둡니다. 6시 반에서 20초가 지나면 손에 휴대전화를 들고 다시 침대 속으로 기어가 졸린 눈으로 이메일과 소셜 미디어를 30분 정도 확인합니다. 그런 다음 간단히 샤워하고 옷을 차려입고는 노트북을 엽니다. 이메일과 메시지를 내용별로 분류하다가 시간이 되면 셔틀버스를 타고 페이스북 캠퍼스로 향합니다.

셔틀버스는 보통 한 시간 정도 걸립니다. 저는 이 시간을 활용해 제너레이티브 아트(Generative art, 자율 시스템을 활용한 예술—옮긴이) 작업을 하거나, 글을 읽거나, 창밖에 지나가는 거리를 가만히 바라보기도 합니다. 사람들은 통근 때문에 불평하거나 고민하는데 저는 통근이 주는 피할 수 없는 여유 시간을 즐기는 편입니다.

수요일 루틴은 조금 다릅니다. 수요일에는 집에서 일하는 편

이라 같은 시간에 일어나더라도 평소처럼 멘로 파크Menlo Park
로 향하지는 않습니다. 걸어서 한 블록 돌아가 여자친구와 함께
커피와 아침 식사를 한 뒤 다시 아파트로 걸어와 음악을 크게
틀어놓고 머리를 써야 하는 일에 집중하려고 자리를 잡습니다.
현재 제가 작업하는 프로젝트는 한층 높은 창의성과 기발한 아
이디어가 필요합니다. 이를 생각해서 가끔은 수요일 모닝루틴
의 일부를 다른 요일의 루틴에도 적용해보고 있습니다.

몇 시에 잠자리에 드나요?

밤 10시 반에는 침대에 누우려고 노력합니다. 최근에 집 안의
모든 조명을 스마트 기구로 바꿨습니다. 덕분에 밤 10시에서
10시 반 사이에는 조명을 흐리게 했다가 '꺼짐'으로 설정할 수
있게 됐죠. 휴대전화만 켜져 있는 상태로 어둠 속에 앉아 있으
면 자야겠다는 생각이 들어서 좋습니다.

수월한 아침을 보내기 위해 전날 밤에 하는 일이 있나요?

얼마 전부터 취침 전에 샤워를 하기 시작했습니다. 모닝루틴에
도움이 되는지는 모르겠지만 상쾌한 기분 덕분에 더 빨리 잠드
는 것만은 분명합니다.

어떤 모닝루틴을 갖고 있나요?

아침마다 융통성과 체계 사이에서 균형을 잡습니다. 원격으로 일하는 글로벌 기업의 대표로서 아침 7시의 이른 아침에 아시아에 있는 직원들과 통화를 시작하거든요. 이 때문에 보통 6시 반에 일어납니다. 아침 간식을 좀 먹고 7시부터 10시까지 업무 전화, 이메일 답신, 아침 식사를 오가며 묘기를 부립니다.

오전 10시에는 운동을 위해 항상 캘린더에 휴식이라고 표시합니다. 집에서 멀리 떨어지지 않은 야외로 하이킹 가는 것을 아주 좋아합니다. 자연 속에 머물다 보면 중심이 잡히고 활기를 얻을 수 있거든요. 일주일에 세 번, 짬이 날 때는 주말까지 포함해서 네 번 하이킹을 나갑니다. 은퇴한 남편도 종종 하이킹에 동행합니다. 가정과 일 사이의 균형을 맞추며 분주하게 지내다가 야외로 나가면 서로 교감을 나누고, 소중한 양질의 시간을 함께 보낼 수 있어서 좋습니다. 혼자 하이킹할 때는 브루노 마스, 비욘세, 마빈 게이 등등 다양한 음악을 듣습니다.

이 루틴을 얼마나 지켜왔나요? 달라진 것은 없나요?

저는 10년 전에 원격으로 일하는 직원으로 레노보에 입사했습니다. 입사 초기에는 전통적인 사무실 환경에서 벗어나 일하는데 적응하며 보냈습니다. 끊임없이 일에 매달렸죠. 신입 직원으로서 이것저것 배우느라 그러기도 했지만, 어떻게 해야 시간을 균형 있게 쓸 수 있는지 몰랐습니다. 원격으로 일해본 적이 전혀 없었거든요. 죄책감을 느끼지 않으면서도 저를 위한 시간을 떼어놓는 방법을 찾기까지 한두 해가 걸렸습니다. 여러 국가를 오가며 주말을 보냈다면 그 시간을 보상받는 것이 마땅하다는 것을 깨달아야 했습니다. 지금도 완벽하지는 않지만, 집에 있을 때는 저 자신과 가족을 위해 시간을 보내도 괜찮다는 것을 받아들였습니다.

원격 근무는 까다롭습니다. 한시도 일에서 완전히 벗어날 수가 없기 때문이죠. 의식적으로 휴식을 가지면서 개인적인 삶에 필요한 일을 해야 합니다. 육상 경기에 나간 제 아들이 달리는 모습을 보기 위해 한 시간 정도 빼는 것에는 죄책감을 느끼지 말아야 합니다. 일과 가족을 모두 챙기는 방향으로 우선순위를 세워 여유 있게 일과를 계획하고 융통성을 발휘한다면, 양쪽에 같은 무게를 싣고 효과적으로 하루를 보낼 수 있습니다.

변수를 받아들여라. 중요한 건 내면이다.

리오 바바우타Leo Babauta
선禪 습관 창시자

어떤 모닝루틴을 갖고 있나요?

저는 더 이상 정해진 루틴을 두지 않습니다. 최근 들어서는 그저 첫째, 의도적이고, 둘째, 중요한 일에 집중하며, 셋째, 유동적인 아침을 보내려고 노력하고 있습니다. 이에 따라 아침에는 주로 명상, 커피 마시기, 글쓰기를 하고 있습니다. 하지만 독서나요가를 할 때도 있고, 아내와 시간을 보낼 때도 있습니다. 보통아침 6시 반에는 정신을 차리려고 노력하는데, 전날 잠든 시간에 따라 7시나 그 이후까지 잘 때도 있습니다.

이 루틴을 얼마나 지켜왔나요? 달라진 것은 없나요?

최근 몇 년간 이렇게 루틴 없이 유동적이고 의도적인 아침을 보내왔습니다. 솔직히 말하면 항상 바뀝니다. 전에는 철저하게 모닝루틴을 따르면서 온통 생산성에 관심을 쏟았지만, 지금은 경직된 자세를 버리고 마음챙김에 더 집중하고 있습니다.

아침 명상에 대해 자세히 설명해줄 수 있나요?

일어나면 가장 먼저 명상을 합니다. 선禪 명상법에 따라 먼저 호흡 명상을 한 뒤에 일체의 대상을 두지 않는 지관타좌只管打坐, Shikantaza 명상을 수행합니다. 간단하게 하려고 노력합니다.

파트너는 그런 루틴에 어떻게 맞춰 주나요?

아내와 저는 대개 함께 커피를 마시고 책을 읽습니다. 각자의 루틴을 실행할 수 있도록 서로에게 여유를 주며 배려합니다.

실패할 때는 어떻게 하나요?

제 루틴은 따로 정해진 것이 없어서 어긴 날을 가릴 수도 없습니다. 이런저런 이유로 생각했던 일들이 곁길로 빠지는 날은 있죠. 이런 경우에는 최대한 저의 내면을 세심히 살펴보고 정말 중요한 것이 무엇인지 다시 한번 생각합니다.

그 밖에 덧붙이고 싶은 내용이 있나요?

저는 제 인생 전체를 보내듯이 아침을 보내고자 노력합니다. 세심하게, 융통성 있게, 그리고 연민의 마음가짐을 가지는 거죠. 이중 그 어느 것도 완벽하게 하고 있지는 못합니다.

침대를 벗어나기만 해도
기특한 그런 날들이 있다

애나 마리 콕스Ana Marie Cox
정치 칼럼니스트 겸 문화 비평가

어떤 모닝루틴을 갖고 있나요?

항상 더 일찍 일어나겠다고 계획하지만 실제로는 아침 7시에서
7시 반 사이에 일어납니다. 잠에서 깨어나면 우선 그날 하루를
위해 기도를 드리고 마음을 가다듬죠. 시간이 있다면 5분간 명
상을 하고 모닝 페이지를 씁니다. 이상적으로는 명상의 시간을
마치고 나서 휴대전화를 확인하고 간밤에 실제로든 비유적으로
든 무슨 일이 터지지는 않았는지 확인합니다. 비교적 정상적인
날이라면 커피를 내리는 의식을 치르고 20~30분 정도 온라인
이 아닌 종이에 적힌 것을 읽습니다. 제 하루를 뺏을 만큼 큰 뉴
스거리가 터진 경우처럼 뭔가 뜻밖의 상황이 발생했다면 TV를
켜놓고 온라인으로 관련 뉴스를 보기 시작합니다.

수월한 아침을 보내기 위해 전날 밤에 하는 일이 있나요?

밤 기도를 드리고 그날 아침의 마음가짐을 다시 한번 떠올립니
다. 다음 날 아침에 쓸 노트와 펜도 꺼내 놓죠.

성공한 사람들의 기상 후 1시간 ············   330

파트너는 그런 루틴에 어떻게 맞춰 주나요?

맞춰 주는 건 없습니다! 남편이 저보다 더 늦게 일어나거든요. 제가 명상을 하거나 글을 쓸 때는 방해하지 말아 달라고 부탁을 해놔야 합니다. 기본 규칙이 하나 있습니다. 헤드폰을 쓰고 있다면 방해하지 말아 달라는 뜻입니다. 남편이 일어나고 제가 아침 뉴스를 읽을 때쯤에는 함께 TV를 켜고 커피를 마시며 함께 뉴스를 시청하기도 합니다.

그 밖에 덧붙이고 싶은 내용이 있나요?

이런 유형의 인터뷰를 하면서 다른 사람의 루틴을 읽을 때면 남과 나를 비교하게 되는데, 그때마다 제가 자제력이 부족하다는 생각이 듭니다. 그러면서 갖가지 이유로 저 자신을 몰아붙이려고 하죠. '와, 아침마다 1.6킬로미터를 뛴대!', '《뉴욕타임스》 1면을 빠짐없이 다 읽는다고?', '이메일을 남김없이 처리하다니!' 하고 말이죠. 이런 예들은 전부 야심찬 것들이라는 사실을 모든 독자가 꼭 알았으면 합니다. 저는 우울증으로 고생했던 적이 있는데 그때는 그저 침대를 벗어나기만 해도 장한 일이라는 사실을 기억해야 했습니다. 각자의 능력은 나날이 달라집니다. 그러니 자신이 한 일을 인정하고 박수 쳐주는 것이 중요합니다. 즉 그날 하루 동안 해낸 일을 생각하며 자축해도 좋다는 것입니다.

모닝루틴을 세웠다면 알아야 할 점이 있습니다. 루틴은 자신을 위한 것이지, 누군가 낯선 사람이 정한 생산성의 기준을 채우려고 하는 것이 아니라는 사실입니다. 제 루틴에서 기도가 몹시 중요한 이유도 여기 있습니다. 커피 다음으로는 유일하게 제가 꼭 지키는 것이 기도입니다. 기도를 하면 오늘 하루는 내가 어떻게 쓰든지 간에 선물로 주어졌다는 것을 깨닫게 됩니다. 이렇게 또 하루 눈뜰 수 있다는 것도 선물이며, 내가 이 땅에 온 목적을 이루기 위해 또 한 번 땀 흘릴 기회가 생긴다는 것도 선물입니다. 아침 식사 전에 1.6킬로미터를 달리고, 아보카도 토스트를 만들어 인스타그램에 올리는 것이 그런 목적에 꼭 포함된다고는 할 수 없습니다.

나만의 루틴 만들기

모닝루틴으로 정해놓은 길을 비껴가는 순간을 받아들인다는 것은, 그간 지켜온 방법을 돌아보고 이를 털어내면서도 여전히 루틴의 힘을 믿는 것이다.

이런 순간을 실패로 여길 필요는 없다. 루틴은 목적을 이루는 수단일 뿐 그 자체가 목적이 아니라는 사실을 기억해야 한다. 그런 실패가 루틴 일부에 스며들어 아침뿐만 아니라 그날 하루에 영향을 미친다면 그 루틴은 애초의 목표를 달성하지 못하고 있는 것이다.

"모닝루틴을 완벽하게 해내는 데도 어마어마한 힘이 있지만, 바라는 대로 흘러가지 않을 때 적응하는 데는 훨씬 더 큰 힘이 있습니다. 루틴은 가장 능률적으로 움직이도록 도와주지만, 변화는 자신의 안전지대를 확대하도록 도와줍니다. 둘 다 바람직합니다."

— 테리 슈나이더, 지구력 운동선수

"한때 저는 루틴의 일부를 놓쳤다는 이유로 온종일 부정적인 영향을 받았습니다. 지금은 인생이 끊임없이 오르락내리락하는 일종의 루틴이라는 걸 잘 압니다. '변화'만이 변하지 않는다는 거죠. 때로 실패할 때면 루틴의 한두 요소를 덜어내고 숙면, 주의 깊은 시작, 운동, 물 등 기본으로 돌아가야겠다고 생각합니다."

— 조엘 개스코인Joel Gascoigne, 버퍼Buffer의 CEO

불완전한 환경을 받아들이고 이에 적응하겠다고 마음먹으면, 나중에 비슷한 상황에 부딪혔을 때 모닝루틴이 궤도를 벗어나는 것을 막아 루틴을 더 단단하게 만들 수 있다. 자신의 모닝루틴에서 '림팍'limfac, 즉 제한 요소가 무엇인지 스탠리 매크리스털 사령관에게 물어보았다. 그의 주된 제한 요소는 클라이언트가 요청한 조찬회의 등 자신의 통제력을 벗어나는 사안이었다. 이런 경우 그는 단순하게 더 일찍 일어나서 모닝루틴을 완수하고 조찬 회의에 들어간다. 주어진 상황 속에서도 루틴을 완료할 수 있도록 시간을 조정하는 것이다. 이상적이지는 않지만 이로써 모닝루틴을 지키면서도 변화에 적응할 수 있다.

첫 번째 스트레스 신호에 섣불리 모닝루틴을 무너뜨리지 말자. 아래 팁을 참고해 아침마다 루틴을 비껴가는 순간들을 받아들이는 방법을 배우길 바란다.

모닝루틴이 무너지려 할 때는
한두 가지 주요 활동에 집중하기

잘못한 것이 전혀 없는데도 아침 시간을 망치고 있다는 느낌이
들 때가 있다. 이런 상황이 주는 스트레스와 좌절감은 모두가
잘 알고 있다. 이럴 때는 자신을 잘 추스르고 모닝루틴 중에서
가장 중요한 한두 가지만 완수해보자.

사람에 따라 운동, 명상 수행, 집을 나서기 전 5분간 앉아서
아이와 시간 보내기 등 다양한 것을 선택할 수 있다. 잘못된 방
향으로 가고 있다고 생각된다면 제대로 된 계획을 세워 이에 충
실하는 것이 현명하다. 아침 시간이 와르르 무너지게 놔두지 말
고 활동을 재분류해 통제감을 지키자.

"모든 것이 계획대로 흘러가지는 않지만 그렇다고 세상이 끝나는
것도 아닙니다. 무언가가 평소 루틴에서 벗어날 때, 저는 자잘한 일
보다 중요한 일을 완수하려고 노력합니다. 우선순위만 잘 세운다면
모든 일이 무사히 흘러갑니다."

— 캣 눈Cat Noone, 아이리스 헬스IRIS Health CEO

정상 궤도를 벗어날 때는 짧은 버전의 루틴을 수행하는 편이
더 수월할 수도 있다. 가령 완수하기 어려운 전체 운동 루틴 대
신 간단한 요가 스트레칭을 선택하는 것이다. 일반적인 방식의

10분 명상 수행이 어렵다면 5분으로 줄여서 할 수도 있다. 가벼운 산책, 걷기, 일어나서 스트레칭하기, 뜀뛰기, 심호흡 등도 정상 궤도를 회복하는 좋은 방법이다.

실패가 주는 신호를 읽고 루틴에 변화 가미하기

모닝루틴의 특정 부분에서 계속 실패한다면 이 활동을 조정하거나 제거해야 할 수도 있다. 저술가이자 디자이너인 패트릭 워드Patrick Ward는 이렇게 말했다. "루틴의 한 부분에서 실패하기 시작하면 변화가 필요하다는 신호일 때가 많습니다. 어떤 루틴도 영원히 효과적이지는 않으므로 항상 예의주시하면서 루틴을 개선하거나 효율을 높일 방법을 고민하죠."

잘못된 점(실패하는 부분)과 그 원인을 파악하고 거기서부터 해결책을 찾아보자. 어쩌면 그 문제와 상관없는 요인이 작용한 것일 수도 있다. 최근 들어 유난히 피곤했거나 그 활동에 더는 관심이 없거나 단순히 흥미를 잃어버렸을지도 모른다. 이런 이유가 맞다면 과감하게 그 항목을 지워버리자.

여의치 않을 때도 해내야 하는 도전을 받아들이기

위와 반대로 실패 앞에서 너무 쉽게 무릎을 꿇어서도 안 된다.

저술가이자 장거리 수영선수인 사라 캐틀린 팩은 이렇게 회고했다. "대학 시절에 중요한 수영 경기가 다가오면, 전날 밤에 제가 통제할 수 없는 이유로 밤잠을 설쳤습니다. 시카고 수영장에서 겪은 화학적 불균형 때문에 밤새 심한 천식 발작에 시달렸거든요. 다음 날 아침에 초췌한 얼굴로 코치님에게 가서 '저 기분이 엉망이에요.'라고 말하면 코치님이 그러셨어요. 가서 편안하게 누워 '나는 최고의 인생을 남겨두고 있다. 오늘은 챔피언이 되는 날이다.' 하고 마음속에 그려보고 30분 뒤에 돌아오라고요."

"제가 돌아왔을 때 코치님은 이렇게 말씀하셨죠. '잘 들어라. 상황이 완벽하다면 경기를 장악할 수 있겠지. 우승도 하고. 하지만 컨디션이 저조하고 심지어 피로에 짓눌릴 때도 이기는 것, 그게 진짜 힘든 거야. 상황 따윈 상관하지 말고 나가서 싸워봐.' 코치님은 완벽한 여건을 갖춘 사람은 없다는 것을 가르쳐주셨습니다. 완벽한 컨디션이 아닐 때도 도전하고 탁월함을 이뤄내야 하는 거죠. 우리는 때때로 루틴에 너무 젖어든 나머지 엉망진창인 상황에서도 자신이 놀라운 성과를 낼 수 있다는 사실을 잊어버립니다."

모닝루틴 중에서 전혀 효과를 내지 못하는 부분은 조정하거나 제거해야 한다. 하지만 힘든 상황에 부딪혔다면 지금이야말로 앞에 놓인 도전에 맞서볼 기회다.

파트너와는 서로 한 발짝씩 양보하기

루틴과 파트너 사이에서 조화를 찾는 것은 두 사람 모두가 좋은 아침을 보내는 데 필수적이다. 특히 파트너와 수면 주기가 다를 때는 더욱 주의를 기울여야 한다. 사실 자신과 다른 수면 패턴을 가진 사람과 관계를 맺는 것은 흔한 일이다. 둘 사이에 합의점을 찾기란 늘 어려운 일이지만(또한 두 사람 다 하루 중 어느 순간에는 졸음에 시달린다), 파트너와 더 많은 시간을 함께하려면 이 타협을 꼭 이뤄야 한다.

스티븐 헬러는 자신의 아침이 마치 인생의 만화판 같다고 말했다. "아내는 이리로 저는 저리로 갔다가 주방에서 다시 만납니다." 파트너보다 일찍 일어나는 편이라면 상대가 일어날 때까지 기다렸다가(일정이 허락할 경우) 아침 식사나 산책을 함께해보자. 이른 아침에 함께 나가서 운동을 할 수도 있다.

내일은 새로운 날이라는 것을 기억하기

내일은 새로운 날이다. 오늘 모닝루틴을 따르는 데 실패했어도 괜찮다.

저술가이자 강연자인 크리스탈 페인Crystal Paine의 말을 참고하자. "제게는 선택권이 있습니다. 평소 루틴도 따르지 못했다며 스스로를 다그칠 수도 있고, 자신을 너그럽게 대할 수도 있죠. 저는 다독이기를 더 잘하려고 노력하고 있습니다. 바라고 계획했던 것을 매번 달성하지 못한다고 해도 괜찮습니다. 살다 보면 이런저런 일이 발생하니까요. 그럴 때는 그저 내가 할 수 있는 것을 하겠다고 마음먹는 것이 최선의 방법입니다."

뒤집어 생각하기

이번 장에서는 분명히 뒤집어 생각해볼 점이 있다. 모닝루틴에서 때때로 루틴을 벗어나는 순간을 받아들이는 것이 아니라 자신이 의도적으로 그런 순간을 찾아 나선 경우는 어떨까? 또는 적어도 그런 순간이 찾아올 때 반색하며 이를 받아들였다면?

마누엘 리마는 이렇게 말한다. "루틴은 하나의 규칙 모음이라고 할 수 있습니다. 루틴을 지키면 항상성을 가지게 되죠. 하지만 때로는 이 규칙을 깨뜨릴 때 말할 수 없는 해방감을 느낄 수 있습니다. 루틴의 노예가 되면 자발성과 뜻밖의 발견을 놓칠 수도 있습니다."

날마다 같은 것이 반복되면(또는 '너무' 일상화되면) 지루함을 느끼는가? 그렇다면 몇 가지 서로 다른 루틴을 만들어 놓고 날마다 그중 하나를 선택해보자. 경직되지 않도록 주의하자. 때때로 분위기를 전환한다면 재미를 느낄 수 있을 것이다.

옮긴이 김미정

가톨릭대학교 심리학과를 졸업했다. KBS 심리학/의학 다큐멘터리 팀에서 영어전문 리서처로 관련 서적을 다수 번역했고, 현재 번역에이전시 엔터스코리아에서 전문 번역가로 활동하고 있다. 주요 역서로는 《이기적인 사회》, 《나는 어떤 사람일까》, 《내적 불행》, 《트럼프처럼 협상하라》, 《용서》, 《내일을 위한 선택》, 《행복에 걸려 비틀거리다》, 《여성의 뇌 건강을 위한 놀라운 과학(출간 예정)》 등이 있다.

성공한 사람들의 기상 후 1시간

초판 1쇄 발행 2021년 12월 21일
초판 5쇄 발행 2023년 7월 17일

지은이 벤자민 스폴, 마이클 잰더
옮긴이 김미정
펴낸이 정덕식, 김재현
펴낸곳 (주)센시오

출판등록 2009년 10월 14일 제300-2009-126호
주소 서울특별시 마포구 성암로 189, 1711호
전화 02-734-0981
팩스 02-333-0081
전자우편 sensio@sensiobook.com

본문디자인 아울미디어   **표지디자인** 임지선

ISBN 979-11-6657-046-9 03190

이 책은 저작권법에 따라 보호받는 저작물이므로 무단 전재와 복제를 금지하며, 이 책 내용의 전부 또는 일부를 이용하려면 반드시 저작권자와 (주)센시오의 서면동의를 받아야 합니다.

잘못된 책은 구입하신 곳에서 바꾸어드립니다.

소중한 원고를 기다립니다. sensio@sensiobook.com